リーチマイケル選手と武部勤会長＝2021年8月、東京都内のホテルで（撮影／山本奈月）

小泉純一郎総理（当時）を表敬訪問するホアン越日友好議連会長（当時）ほか両国友好議連役員、右端は岸田文雄総理（日越議連幹事長）2004 年７月、首相官邸で

二階俊博・前自民党幹事長らと会談するフック・ベトナム国家首席（当時、首相、右から４人目）とチン首相（当時、越日友好議連会長、同５人目）＝ 2020 年１月、ダナン市内で

日越大学（ハノイ）で学生と懇談する菅義偉・前首相＝ 2020 年 10 月、ハノイ市内で

フック・ベトナム国家主席（当時、首相）と会談する二階俊博・前自民党幹事長ら訪問団＝ 2020 年 1 月、ダナン市内で

フエ国会議長（当時、副首相）と記念撮影をする二階俊博・前自民党幹事長ら訪問団＝ 2020 年 1 月、ダナン市内で

外国人材共生支援全国協会の設立総会＝ 2020 年 10 月、東京都内で

イタリア代表とのテストマッチ。キャプテンとして先頭で国歌斉唱するリーチマイケル選手（2018 年 6 月 9 日、撮影／志賀由佳）

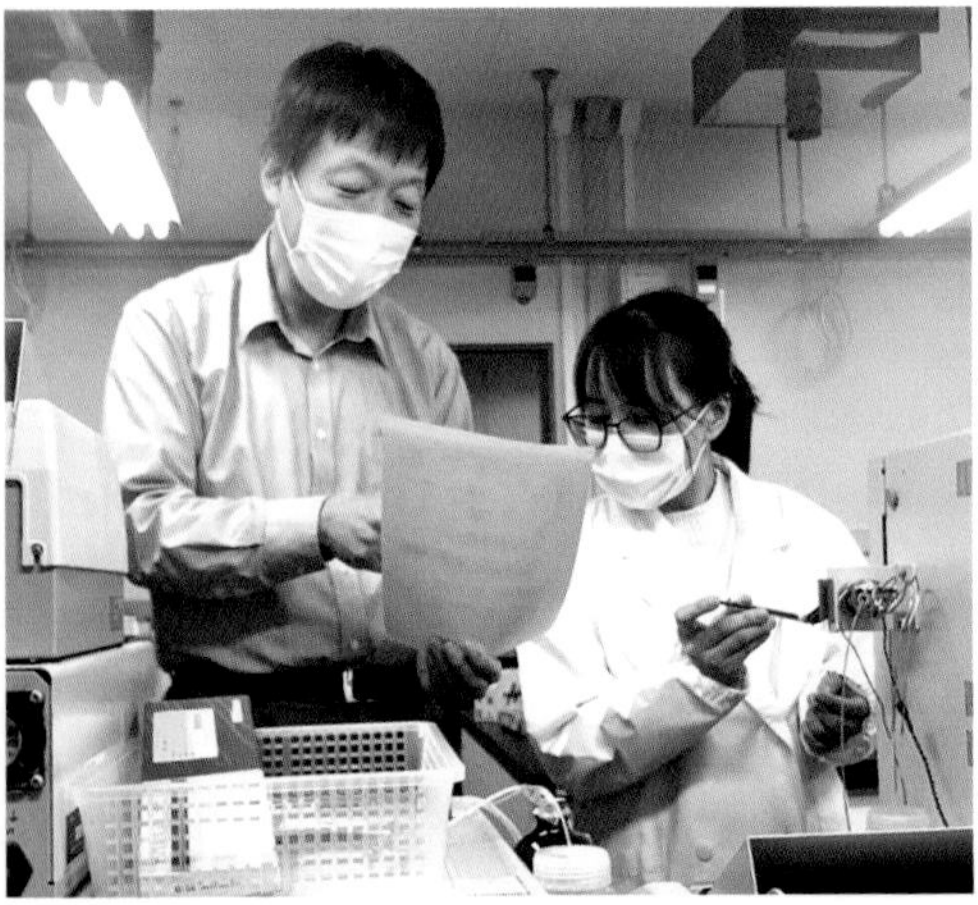

北見工業大学大学院で研究するタオさん（写真右）

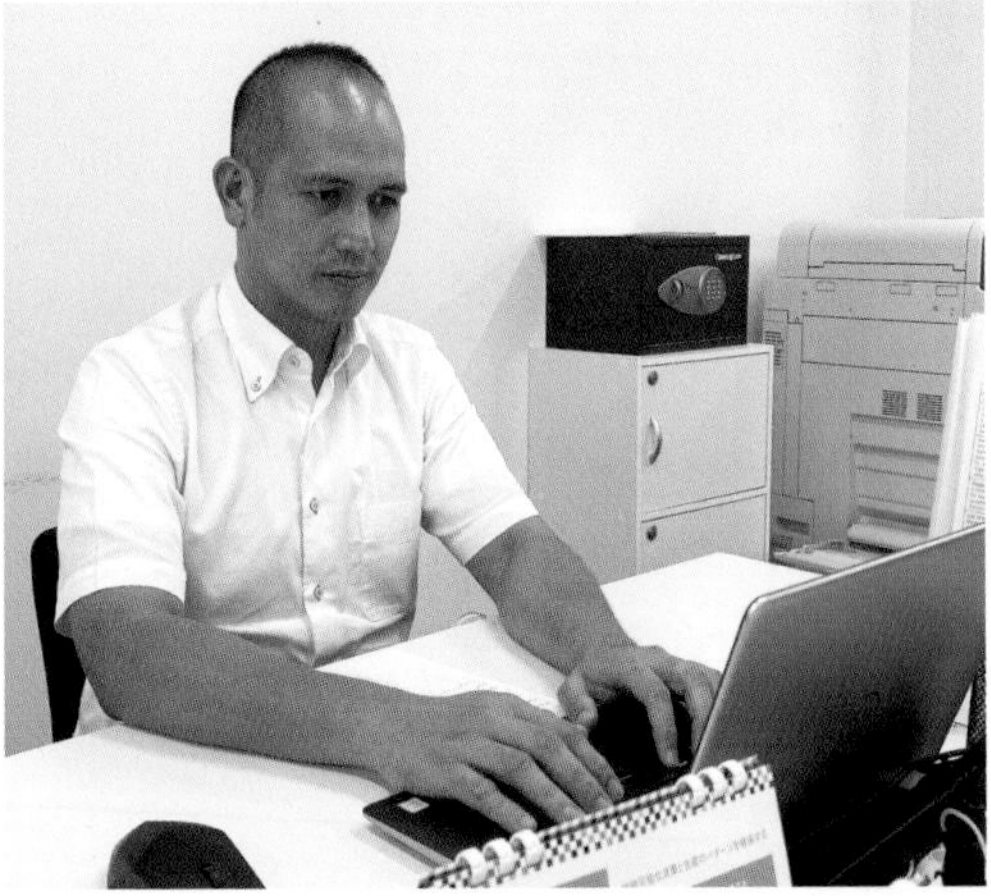

勤務する日本ペトロのジョージさん

表彰を受ける向井建設のクゥインさん（写真右）

シティコンピュータのヨスルさん（写真後列の右から４人目）

防災センターを訪問する協同組合福岡情報ビジネスのバックさん（左端）

新光電気工業のリーさん
（前列右から５人目）

東洋ワークの呂楠さん（前方中央）

勤務中の富士産業のリーさん

サッカーチームの
小金井精機製作所
のズンさん（後列
の右端）

札幌山の手高校のリーチマイケル選手の銅像の後ろで写真左から武部勤会長、モンゴル人留学生のダバジャブ・ノロブサマブー選手、佐藤幹夫監督、ウスフバヤルさん＝2021 年 7 月、札幌市内で

日本再生 令和の開国論

グローバル人材共生の青写真

外国人材共生支援全国協会会長
元自民党幹事長
武部勤

NAGOMi
National Association for Global & Open Minded Communities

小学館

目次

はじめに「令和開国論」への想い

世界は日本を待っている

武部　勤
一般財団法人外国人材共生支援全国協会　代表理事会長

武部　勤（たけべ つとむ）
昭和16年（1941）、北海道生まれ。1986年衆院初当選。農水相、自民党幹事長を歴任。2012年の政界引退後は日本ではたらく外国人との共生社会実現に向けて奔走している。

幕末、日本の開国を決めた徳川幕府の井伊《いい》直弼《なおすけ》は、開国する意味について、「今は昔と違って、国どうしで互いに物品を融通し合うのは当然のこと（有無相通するは天地之道也）」と、鎖国を否定し時代の趨勢を読んでいたことが知られている。

令和のいま。

日本が世界に向けて〝開国〟すべきときを迎えているように思えてならない。

幕末の日本は他国からの圧力によって国を開いたが、令和のいま、日本は進んで世界に貢献しながら、自国の存立を図っていくべきである。これを一言で表すならば、「共生」ということになろう。世界は日本を待っているのである。

少子高齢化、人口減少時代に突入したわが国においては、日本の国柄を守りつつ日本人の国際性を高め、外国人材と共に活躍できる「グローバル人材共生社会」への環境整備を、国家的プロジェクトとして急がなければならない。これこそが、多様化する国際社会の中で共生していくための「令和の開国」なのである。

以下、本書をつくるにあたっての想いや経緯について、触れておきたい。

「共生」こそが人類の生き残る唯一の道

「日本が大好き」

そう言ってくれる技能実習生たち。

しかしそれは、単に日本の自然が美しい、あるいは日本の科学技術や高い労働賃金が素晴らしいというだけの意味ではない。

ある実習生は、受け入れてくれた企業に対して、

「会社のみんなが、私のふたつ目の家族のよう」

とまで感じていることを知った時、（ああ、これこそが真の人材育成の成果なのだ）と、受け入れてくれた日本の企業や組織での働き方、そこにいる日本人たちとの生活ぶりに共感し、感謝の気持ちでいっぱ

いになる。

技能実習生たちは、「石の上にも三年」の「技能実習」を通じて幅広く日本を体得するために来日する。技能実習（technical intern training）は、まさに日本で生活し働くためのインターンシップといってもいい。

しかし、日本で生活し、技能を身につけスキルを磨く過程では、遠く母国を離れた寂しさや言語による壁、文化の違いによるすれ違いも常に起きる。

そんなとき。

時には父のように厳しく、また時には母のように優しい日本人がそばにいることがどれほど彼らの力となり勇気につながっているであろうか。

すなわちこうした「血の通った人材育成」こそが技能習得の基礎になければならず、それ無くして技能実習を通じた国際交流、心の通った親善関係は成り立たないということを、最初に申し上げておきたい。

その上で、視線をやや上空に持っていきたい。

日本を空から眺めれば、その周辺には成長著しいアジア各国がすぐ目に入る。

さらに視野角を広げれば、米州や欧州、アフリカや中南米が見える。航空機どころかオンラインを利用すれば、もはや世界は「指呼の間」であり、コロナ禍や近年頻発する自然災害を考えれば、争いよりも助け合いの方が圧倒的に必要であることは多言を要さない。

つまりは、「共生」こそが人類の生き残る唯一の道なのである。

では共生は何によって成せるのか。

互いの長所を生かし合い、短所を補って初めて共生が可能になる。

いま日本は幸いにも、先人たちが営営として築いた経済、技術のノウハウがある。一方で、人口減少と経済成長の鈍化による国力の低下が見られる。

アジア各国はどうか。技術的なものや事業運営のノウハウにまだ不慣れな点があり、他方で驚異的な経済成長期にある。

例えば途上国から技能実習生を迎え入れることは、日本の技術やノウハウによってそれらの国の経済基盤を補いつつ、日本をよく知る技能実習卒業生たちによって日本との関係が強化され、共存共栄の関係を築くことができる。何よりも日本は、これによって大きな国際貢献を果たしていることを忘れてはなるまい。

ゆえに私どもは、こうした技能実習生をサポートする団体として、一般財団法人外国人材共生支援全国協会（National Association for Global & Open Minded Communities）、ＮＡＧＯＭｉを設立した。組織の名称に「共生」とあるのは、縷縷《るる》述べてきた理由による。

高い志と現実的なアプローチ

技能実習に関わる多くの事業者、関係者が、高い志や慈愛の心、時には自己犠牲的なまでに実習生たちを迎え入れ育ててくれている一方で、悪徳ブローカーや心ない監理団体、非情な受け入れ企業等による人権侵害事案が発生していることもまた事実である。

マスコミでは良いことはあまり報じられず、悪辣なことが世に出やすい。その結果、技能実習制度そのものが悪者視されることすら起きている。

かかる状況を放置しておくことは、真面目に行動している関係者の妨害になるだけでなく、そもそも実習生たちの安全を図れず、ひいては国際貢献や国際親善どころではなく、その国との関係悪化にもつながりかねない。

こうした状況にコロナ禍が重なり、実習生の中には母国に帰りたくても帰れず、生活にも困窮し、最悪のケースでは犯罪に巻き込まれることもあった。これを放置しておくことは、人道上も許されることではない。

かつて日本では、真面目な企業家が地方から就職してきた若者たちを、自分の子供や弟妹のように育て、それが強固な愛社精神につながり、経済成長の大きな基盤になっていった。無論、そうした家族的な経営のあり方が現代にそのまま通用するとは思わない。しかし、外国からやってきた実習生たちを思う時、彼らを子供、弟妹として大切にすることは、かつての日本の企業家たちもそうであったように、人として正しい道ではないかという気がするのである。

ＮＡＧＯＭｉは苦境に立つ技能実習生を救うため、政府や自民党に対して要請を行ない、二《に》階《かい》俊《とし》博《ひろ》・自民党幹事長（当時）の「政府と緊密に連携し、技能実習生などを適切に保護するために、監理団体はじめ外国人材受け入れ機関の全国組織を設立してはどうか」という示唆もあって設立した。私たちの問題意識と政府・与党の意識が一致することで、今後もより現実的に大きな動きとなって展開し、実習生等の保護が進むであろう。

こうした例は、例えばベトナムに設立した日越《にちえつ》大学などを見れば実績が明らかである。「アジアのハーバード大学」を目指した同校は、日越両国政府の支援を受けて大きな成果を上げている。

高い志と現実的なアプローチで、技能実習生や特定技能労働者をサポートすることが、私たちに課せられた責任であると考える。

日本の国柄とグローバル化

さて。日本に来た技能実習生たちに話を聞くと、その多くが日本の「国柄」に憧れを持っていることがわかる。

日本の国柄、文化を、この少ない紙幅で言いあらわすことは不可能だが、実習生から受けた印象や私自身の長い経験から、以下の四点を日本の特徴として上げてみたい。

第一に、和《わ》を以《もっ》て貴《とうと》しとなす。

有名な十七条憲法の第一条であるが、日本人は根本的に争いを好まず、互いに傷つけ合うことなく物事を収める傾向が今でも強い。これは、万物全てに神様が宿っている、だから人や物や動植物を大切にしようという思想に根ざしていよう。外国人から見れば、そういう思想を形に現した古い建物や神域、あるいは町中に咲く、地域の人が大切に育てている草花などを見た時に、無私の精神、互いに敬い睦みあう気持ちを感じ取るのかも知れない。

第二に、和して同ぜず。

日本人はなんでも大勢に靡《なび》くのかといえば、とんでもない話である。例えば、私が幹事長を務めていた自由民主党の最高意思決定機関である総務会は、全員一致が原則である。しかしそれは大勢に靡くとこを意味しない。反対者は堂々と反対意見を主張するのである。しかしそこで退席し、総務会は全員一致という形をとる。

つまり総務会を分裂させず、しかも反対者には主張する場を与えるということで、双方が恨みを残さずに次の問題に立ち向かえる。こういう合理性は日本社会の特徴でもあり、「和」を原則にした社会の知恵でもある。

第三に、和魂漢才《わこんかんさい》、あるいは和魂洋才《わこんようさい》。

古くは文字や仏教伝来以来、日本は外国から輸入したものをそのまま使うのではなく、日本に適した形に作り直し、あるいは日本ゆえにできる小型化や高性能化などを図ってきた。

進んだ外国の文化や技術を決してそのまま受け入れず、必ず創意工夫をして新たな文化や技術を生み出してきたのである。

第四に、和顔愛語《わげんあいご》。

たとえ自分の境遇が辛くても穏やかな笑顔と優しい言葉で人に接する。

この言葉には、続きがある。

先意承問《せんいじょうもん》。

相手の気持ちを察し、相手のために何ができるのか考える。

まさに、技能実習生たちが「第二の家族」と言う実習先の日本人たちこそは、和顔愛語・先意承問を実践しているといえよう。

さて、以上の四点を踏まえたとき、果たしてグローバル化の中でこうした良き伝統・文化は失われていくのであろうか。

繰り返しになるが、もはや世界は争うことよりも、共に手を取り合って解決すべき問題・課題に満ちている。争っている場合ではないのである。

すなわち、和を以て解決すべき時代なのである。

国際社会において和を実現する最も有効な手段は、互いを知り、互いを尊重し、助け合うことである。その手段を具体的に述べれば、一つは人的交流ということになろうが、技能実習生を受け入れることは、まさに大きな和を世界にもたらす大事業であると言い得る。

だからこそ日本は、真に開かれた〝なごみの国・日本〟をめざすべきであり、日本にはそれを成し遂げる和の哲学があると信じる。

私たちは、皆がポストコロナの世界において「地球村時代」に生きる気概を持ち、互いに助け合い、共生できる多様性豊かな未来をつくるために、これを日本の国益上の課題として取り組むべきであると考える。

制度を大きな意義あるものに

本書は、「グローバル人材共生のためのバイブルたらん」という意気込みで、多くの協力者を得て実現した。

まず第一章は、学術関係・専門家・国内外の政治家の方々との対談である。御多忙の中時間をつくっていただいた皆様に、心から感謝申し上げたい。こうした対談にありがちな実務を軽んじた理論はまったくなく、この方たちが本気で課題に取り組んでいらっしゃることに感動的な喜びを覚えた。その真剣さが読者にも必ず伝わるであろうことを確信している。

第二章の日本に来た技能実習生たちの体験談は、胸を熱くさせるストーリーに満ちている。これは単なる感想文ではなく、彼らが数年にわたって母国を離れ、喜びも悲しみも経験しながら日本で成長していく実話である。すでに実習生のお世話をされておられる方々にとっては共感を、これからお世話する方々にとっては新たな出会いへの楽しみを醸成することとなろう。

第三章の「ＮＡＧＯＭｉ提言」では、技能実習生のあり方、技能実習の未来について、大胆かつ実際的なものをまとめ、ここに記した。多くの方のご賛同を得て、この制度をもっと有効な、もっと大きな意義のあるものにしていきたい。

第四章の外国人材共生のための基礎知識「技能実習制度・特定技能制度」については、なるべくわかりやすく、もちろん正確に、いつでもご覧いただけるよう編集を工夫した。

最後に、新しく就任されたベトナム社会主義共和国のファン・ミン・チン首相をはじめ、ダオ・ゴック・ズン労働・傷病兵・社会問題担当大臣やブー・ハイ・ハー国会対外委員長から本書に対しそれぞれ胸温まる貴重なご意見を寄せていただき、心から敬意と感謝を申し上げる。

また、最初の外国訪問先としてベトナムに足を運ばれ、日越大学でアセアンにおける人材育成の重要性について講演された菅義偉・前首相と、日越友好議員連盟会長であり、制度はもとより、日本に来た外国人たちの境遇に常に思いやりを示していただいている二階俊博・自由民主党前幹事長のお二人からも本書に温かいお言葉を頂戴した。あらためて感謝を申し上げたい。

何より、本書を読んでくださる読者、その多くは技能実習生に関係する皆様であろう。皆様と共に課題を解決し、苦しみを分け合い、楽しみを共有し、制度の充実を図ってまいりたい。

そして、技能実習生の諸君。

日本は諸君を、令和の開国によって得た宝であると思っている。どうか素晴らしい技能を収め、日本との友好の掛橋になってほしい。

諸君の奮闘を、心より望んでやまない。

令和三年秋

特別寄稿

ベトナムと日本　人材育成協力における両国経済の連携深化の推進

ファン・ミン・チン
ベトナム社会主義共和国　首相

ファン・ミン・チン

タインホア省出身、公安次官、クアンニン省共産党委員会書記、党中央組織委員長、越日友好議員連盟会長などを歴任。2021年に首相就任。ベトナム共産党政治局員。

読者の皆様

この度の『日本再生 令和の開国論―グローバル人材共生の青写真』の御出版に際して、ベトナムの国家開発戦略と日越間の特別で深い友好協力関係について意見を述べる機会をいただいたことを大変うれしく思っており、武部勤・一般財団法人外国人材共生支援全国協会（ＮＡＧＯＭｉ）代表理事会長であり、日越友好議員連盟特別顧問に感謝を申し上げたいと思います。

まず最初に、二階俊博・前自由民主党幹事長の日越友好議員連盟会長が最高顧問として率いる自民党のグローバル人材共生推進議員懇話会とＮＡＧＯＭｉとの協力により、日本に在留するＡＳＥＡＮ諸国・ベトナムの人材を含むグローバル人材との共生社会構築に関する具体的な政策提案がなされたことを歓迎いたします。

この機会に、二階日越友好議員連盟会長をはじめ、武部特別顧問、日越友好議員連盟メンバーの皆様に対して、日越間の広範な戦略的パートナーシップの効果的かつ実質的な発展のために長年にわたり御貢献と御厚意を寄せていただいていることを高く評価いたします。

皆様

ベトナムは、２０２１年2月に第13回共産党全国大会を成功裏に開催し、２０３０年までに近代的な工業国、上位中所得国になることを目標とするとともに、２０４５年までに高所得の先進国となるべく今後の方針を定めました。これにより、２０３０年までに、ベトナムのＧＤＰ成長率を年平均約７％、労働生産性の上昇率は年平均６・５％、資格を有する訓練を受けた労働者比率を35～40％とすることを目標としています。

外交に関して、ベトナムは、独立、自主、平和、友好、協力と開発、多国間化、多様化、積極的・包括的かつ広範な国際統合を柱とし、国際社会における信頼される友人及びパートナーとして、そして積極的かつ責任あるメンバーとしての役割を果たすという一貫した対外路線を維持しています。その中で、ベトナムにとって日本は高い信頼に基づく最も重要で長期的な戦略的パートナーであるという考えを一貫しています。

現在、日越間の広範な戦略的パートナーシップは、両国の外交関係樹立以来、約50年間で最良の状態にあり、２０２０年10月の菅義偉前首相のベトナム訪問（首相就任後初めての外国訪問）により一層強化されました。経済面において、日本は引き続きベトナムの最重要パートナーであり、最大のＯＤＡ供与国、第2位の直接投資国であり、第4位の貿易相手国です。日本とベトナムの国民間の交流、文化、教育、労働における協力は急速に進展しており、両国の友好協力関係において明るく光るポイントとなっています。日本に暮らす約45万人のベトナム人コミュニティは、２番目に大きな外国人コミュニティになりました。近年のベトナムと日本との広範な戦略的パートナーシップの力強い発展は、両国の国民と企業に具体的かつ実質的な利益をもたらし、地域の平和、安定及び繁栄に貢献していると言えます。

新型コロナウイルス感染症（Ｃｏｖｉｄ－19）の流行が複雑化する中で、両国は広範な戦略的パートナーシップの精神を発揮し、お互いの状況を真摯に共有・理解し、助け合っています。

この機会に、ベトナムの社会経済開発に対する日本からの長年にわたる効果的かつ実践的な支援と協力、現在のベトナムのＣｏｖｉｄ－19感染予防対策への協力、そして、勉強や労働のために日本に暮らすベトナム人コミュニティに対する日本政府、自由民主党及び日本国民の皆様からの御関心と御支援に心から感謝を申し上げます。

皆様

今後、ベトナムが上記に挙げた２０３０年～45年までの国家発展目標を達成するために、日本が最も重要なパートナーであり、相互利益をもたらす戦略的パートナーシップ関係にあると確信しています。

ベトナムは日本の協力を得て、第13回党大会で採択された、一体性のある開発体制の構築、人材開発、インフラ整備の近代化かつ一体化など３つの戦略的突破口を推進していきます。その中で、「人間を中心・主体として置くことは、発展の最も高い目標かつ重要な原動力である」という言葉がありますが、包括的な人材開発には重要な意味があり、発展の原動力となります。ベトナムは、日本との人材育成における協力として、特に質の高い人材育成と各レベルでの高度人材の育成、産業人材を育成する大学や専門学校の高度化を優先的に取り組みたいと考えています。

この点に関して、ベトナムの指導者は、２０２０年10月に菅前首相が訪問し、学生と懇談した日越大学の発展に高い関心を持っています。日越大学が両国間の教育協力における象徴的な協力プロジェクトとなるように、両国関係機関は同大学の拡充に引き続き緊密に協力していきます。

両国経済の連携と相互補完は日増しに緊密になり、質の高い労働者育成など多くの分野で新たな協力の方向性が開かれ、双方に利益がもたらされていると言えます。日本に滞在する数十万人のベトナム人技能実習生と留学生は、日本社会のニーズに応え、労働力として活躍すると同時に、日本で訓練を受け、日本の近代的な技術を習得し、帰国後に国家の工業化・近代化に資する質の高い労働力の源泉として期待されています。人材育成における両国間の協力は非常に大きな可能性を持っており、それは両国の指導者間・国民間にある相互信頼、幅広い共感と相互支援の精神、さらに文化面においても共通点が多く、両国の発展のために互いを補完することができるという強みがあることに支えられています。

今後も両国が協力を強化し、教育訓練協力を飛躍的に進展させ、質の高い人材を育成し、労働者のデジタルスキルを向上させ、研究を促進し、技術革命の成果を移転、応用し、迅速かつ持続可能な発展のための新たな原動力を生み出すことを期待しています。

現在のベトナムと日本の広範な戦略的パートナーシップの力強い発展を弾みとして、両国が「手を繋ぎ」希望にあふれる発展の新時代を切り開き、両国の利益のために、そして地域と世界の平和、安定、繁栄、発展のために、各分野における協力、特に人材開発分野において多くの成果を達成することを確信しています。

特別寄稿

「日本で働いてみたい」環境作り進める

菅義偉
前内閣総理大臣

多様性や国際性が豊かな環境の中で育まれたベトナム、そしてアセアンは、世界が羨む人材の宝庫です。その育成に少しでも貢献すべく、日本は、ＪＩＣＡ専門家や海外協力隊、日本での研修、国費留学生など、人と人のふれあいを通じた人造りをアセアンと共に進めてまいりました。同時に、ベトナムをはじめ、アセアン各国から日本に来ている、技能実習生などの若さとエネルギー溢れる言うなれば「グローバル人材」は、今や、日本人の生活や経済にとって必要不可欠な存在となっています。

日本がグローバル人材に選ばれることができる国となるよう、職場、自治体、教育などの様々な場面における総合的な対応策を講じ、海外の皆さんに「日本で働いてみたい」と思っていただけるような受け入

菅義偉（すが よしひで）
衆議院議員。第26代自由民主党総裁、第99代内閣総理大臣。横浜市議、総務大臣、内閣官房長官などを歴任した。秋田県出身。

れ環境を作るべく取り組みを進めております。

私は2020年10月、就任後初の外遊先となるベトナムを訪問しました。ベトナムでは、日本とアセアンの人造りの象徴である日越大学で講演し、学生の皆さんとお会いし、懇談しました。

日越大学は日越首脳間の合意に基づき設立された、次世代のグローバルな人材育成の象徴です。学生と懇談し、日本語のレベルの高さに驚くとともに、卒業後に日本とベトナムの架け橋として活躍したいとの発言に心強さを感じました。今後とも、日越大学に世界から志のある若者が集まり、ポストコロナ時代の新しい原動力となってもらいたいと期待しています。

アセアンは、多様性を認め合い、お互いを尊重し、コンセンサスを重視する、そうした精神の下で地域統合を進め、発展してきました。日本は、そのアセアンをしっかり支えていくことが、日本自身を含むアジアの平和と安定、繁栄に繋がると考えています。そのためにも、迎え入れる若者たちの立場に立って、グローバル人材受け入れ政策を確立し、グローバル人材共生社会の実現に向けて努力してまいります。

特別寄稿

人材開発分野における日本とベトナムとの協力両国の発展と繁栄のために

ダオ・ゴック・ズン
ベトナム社会主義共和国　労働・傷病兵・社会問題担当大臣

ダオ・ゴック・ズン
ハナム省出身。ホーチミン共産青年団第一書記、イェンバイ省共産党委員会書記などを歴任。2016年から労働・傷病兵・社会問題担当に就任。ベトナム共産党中央執行委員。

ベトナムと日本は約50年前に（１９７３〜２０２１）外交関係を樹立して以来、政治、経済、社会文化や国民の交流などのあらゆる分野で包括的な友好協力関係を急速に発展させ続けています。チュオン・タン・サン国家主席の２０１４年の日本訪問の際に、両国の関係は戦略的パートナーシップからアジアの平和と繁栄のための広範な戦略的パートナーシップに格上げされました。そのような発展の流れの中において、近年、両国間の労働及び人材開発分野での協力が広範かつ効果的に発展しています。

日本は１９９２年から正式にベトナム人研修生（技能実習生の前身）を受け入れており、現在、ベトナムの主要な労働者派遣市場になりました。在日ベトナム人労働者は外国人労働者全体の50％以上を占めています。二国間の人材開発協力は、技能実習制度、日越経済連携協定（ＥＰＡ）に基づくベトナム人看護師・介護福祉士候補者の日本への送り出し、特定技能制度、技術者、通訳、造船及び建設分野の労働者の送り出しなどの形態がありますが、技能実習制度は今なお主流になっています。

日本の出入国在留管理庁のデータによると、２０２０年12月末時点でベトナム人技能講習生の数は約21万人であり、在日外国人技能実習生総数の55％を占めており、主に機械加工、金属加工、繊維縫製、食品加工、農業、建設、溶接、プラスチック成形などの産業分野の仕事に従事しています。ベトナム人技能実習生は日本の工場現場で3～5年の間に先端技術に触れる機会が多くあり、特に高度な規律のある作業環境で鍛錬されます。２０２０年初頭のＣＯＶＩＤ―19のパンデミックが発生する前は、日本に受け入れられるベトナム人実習生の数は絶えず増加していました。これまでに35万人以上のベトナム人の若者が技能実習生として訪日しており、約６万人のベトナム人が技術者・通訳として日本で働いています。

２０１９年には、日本へ送り出されたベトナム人技能実習生の数は８万３千人に達しており、ベトナムは、日本への技能実習生送り出し15か国の中で一位となりました。

２０１２年から日越経済連携協定（ＥＰＡ）に基づいてベトナム人看護師・介護福祉士候補者の日本への送出プログラムが開始され、これまでに１５４３人の候補者が訪日しました。日本の看護師、介護福祉士国家試験において、ベトナム人看護師・介護福祉士候補者の合格率（看護師は37％、介護福祉士は91％）は他国からの看護師・介護福祉士候補者の合格率（看護師は10％、介護福祉士は30％）と比べて最も高く、専門能力が身に付いたと言えます。

２０１６年から現在に至るまで実施されてきた二国間の職業訓練分野での協力は多様化しています。ベトナムの職業訓練講師の評価スキルの訓練におけるＪＡＶＡＤＡとの協力、職業技能評価システム（ＳＥＳＰＰ）を促進するためのプログラム、職業訓練学校の講師と管理者の能力を向上させるための無償資金技術協力プロジェクト、ベトナムの職業短期大学でＫＯＳＥＮ教育モデルの導入・訓練プログラムの作成・展開などがあげられます。ベトナムに進出した日系企業の採用ニーズに応えるための研修プログラムの作成を支援し、日本での就労に向いている労働者を労働市場と結びつけます。これらは特に、看護及び介護をはじめ日本側の求人が多い産業分野に焦点を当てています。

２０１７年当時の首相であったベトナムのグエン・スアン・フック国家主席が「アジアの未来フォーラム」に出席するために訪日した際、両国政府の指導者は日本の技能実習新法に基づく技能実習制度と技能実習生の保護に関する協力覚書（ＭＯＵ）の署名に立ち合いました。また２０１９年にベトナム首相一行がＧ20サミットに参加した際、「日本国法務省、外務省、厚生労働省及び警察庁とベトナム国労働・傷病兵・社会問題省との間の在留資格「特定技能」を有する外国人に係る制度の適正な運用のための基本的枠組みに関する協力覚書（ＭＯＣ）」の交換式が行われました。また、ベトナム労働・傷病兵・社会問題省と日本国立高等専門学校機構との間のベトナムでのＫＯＳＥＮトレーニングモデルに向けた継続的な協力活動に関する覚書の署名式が行われました。

計画によれば、２０１９年4月1日から5年以内に、日本は労働力不足の介護、ビルクリーニング、素形材産業、産業機械製造業、電気・電子情報関連産業、建設、造船・舶用工業、自動車整備、航空、宿泊、農業、漁業、飲食料品製造業と外食業の14産業分野に、数十万人の外国人特定技能労働者を受け入れます。日本の高齢化に伴い、ほとんどの人材不足の産業分野において外国人特定技能労働者、特にベトナム人特定技能労働者は人材の供給源になります。ベトナム人労働者は日本側の注目と高い評価をいただいております。労働者が雇用契約を終了した後、技能、専門知識及び作法がきちんと訓練された熟練労働者として帰国し、ベトナムへ進出した日系企業と国内企業の採用ニーズに応えます。

このような成果が達成できたことは特定技能に対する政府の関心をはじめ、労働者の訓練、送り出しにおけるベトナムの関係機関及び企業の努力のおかげです。これまで、特定技能の下で1万8千人のベトナム人労働者が日本で働いています。日本の企業は、実習生及び労働者が日本語の勉強、日本の文化と社会や日本での生活に慣れるために積極的に支援しています。

ベトナムと日本との間の労働協力は、両国のお互いの利益に基づいて発展してきたものです。ベトナム人技能実習生及び労働者には、日本で就労する間に日本の経済、社会の発展に貢献する機会があり、日本の労働力不足の課題解決に役立つと言えます。

ベトナムと日本との人材協力、特に技能実習生の日本への派遣分野においての協力を促進し、2020年10月18日の菅総理大臣（当時）の訪越の際に発表された首脳の共同声明を実施するために、今後は次の対策を実施する必要があります。

第一に、技術実習制度、特定技能制度、技術者及び通訳の日本への派遣をMOC及び両国の法律の規定に従って効果的に実施するために、両国の関連機関は積極的に協力し、定期協議のメカニズムと情報交換を強化し、両国の企業による違反の検査と処分を促進します。

第二に、日本側には、ベトナムの技能実習生と労働者が早期に計画どおりに入国できるよう、新しい査証の早期発給を求めます。また契約が失効して帰国できないベトナム人労働者と技能実習生に対する日本での就職支援、生活支援に加え、新型コロナウイルス感染症流行拡大の影響を受けたベトナム人労働者と雇用主が困難を乗り越えるために特定活動の在留資格に移行できるような環境づくりが求められます

第三に、ベトナム人労働者の権利と最低所得を確保するために、日本側には、他の一部の送出国の労働者に対する住者税と所得税の免除措置をベトナム人労働者と技能実習生にも適用することを検討願います。

第四に、デジタル化プラットフォームでの宣伝と情報発信を強化し、ベトナムの人材に関するデータベースシステムを改善し、海外で働く労働者のニーズを送出企業と結び付けます。その上で、労働者が負担する仲介費用を削減・排除します。また出国前から海外での就労、契約が終了し帰国するまでの労働者に関するデータを管理します。両国は今後、契約に基づいて海外で働くベトナム人労働者のために、マッチングを支援するプロジェクトを実施します。

両国当局の緊密な協力により、ベトナム人技能実習生や労働者の日本への派遣事業はますます発展しております。アジアの平和と繁栄のために両国間の広範な戦略的パートナーシップを実現し、両国間の人材協力に対するさらなる貢献を確信します。

特別寄稿

「グローバル人材共生社会」構想に共感

ヴー・ハイ・ハー
ベトナム社会主義共和国　国会対外委員長

ベトナムと日本の間の国民の交流関係は、長い歴史を持っており、両国の間で共通点の多い文化、歴史、誠実さ、そして共通の利益によって自然にお互いの戦略的パートナーとなった。両国の関係は、多くの世代にわたり育まれ、両国の中央レベルから地方レベルにまで広がり、「アジアの平和と繁栄のための広範な戦略的パートナーシップ」の枠組みに到達し、２０２３年にベトナムと日本は外交関係樹立50周年を迎える。

私は、ベトナム国会において、他国との友好議員連盟機構の幹事長を長年勤め、ベトナムの多くの指導者及びベトナム国民の親友である二階俊博日越友好議員連盟会長、武部勤特別顧問及び日越友好議員連盟

ヴー・ハイ・ハー

ナムディン省出身。ベトナム国会事務局外務部副局長、同国会事務局外務部長代理、同国会事務局対外関係部長。2021年に同国会対外委員長就任。ベトナム共産党中央執行委員。

のリーダーの皆様と面会したことが、深く印象に残っている。天皇陛下から旭日中綬章を授与された私の愛する父である故ヴー・マオは、国会の官房長、国会対外委員長を勤めていた時、武部勤顧問が両国の友好関係、両国議会及び国会議員など様々な分野の交流を促進するため、長年にわたってたゆまぬ努力をされていたことを常に高く評価し、感謝していた。

今の時代において、グローバル人材を生み出す重要性は、かつてないほど高まっている。私は、ベトナム人技能実習生を含む日本に在留する外国の方々が、差別なく、日本国民の皆様とともに自分の能力を活かして活躍し、共生して生きるという「グローバル人材共生社会」の構想に共感しており、支持している。武部勤顧問の書籍は、日本とアジア地域及び世界の人材育成における、包括的かつ戦略的で、人間愛の溢れるビジョンを示している。グローバル人材共生社会においては、菅義偉前首相が言及された「世界が羨む人材の宝庫」を有するアセアン加盟国であるベトナムは、日本との人材協力を着実に進展できる国であると確信している。

日本とベトナムの関係については２０２０年10月にベトナムを訪問した菅義偉前首相が言及されたように、深い縁があり、「心から心へ」の精神に基づいて、お互いに深く理解し合うことができる密接な関係である。武部勤顧問監修の書籍は、日越両国民の相互理解と友好関係促進のため、大きく貢献するものだと確信している。

第1章 対談

リーチマイケル選手（東芝ブレイブルーパス東京）

北岡伸一（JICA理事長）

大谷晃大（外国人技能実習機構理事長）

片山さつき（自民党外国人労働者等特別委員会委員長）

レロンソン（ベトナム送り出し機関「エスハイ」社長）

武部勤×リーチマイケル

異文化を組み合わせ日本を磨こう

【略歴】

リーチマイケル

東芝ブレイブルーパス東京

1988年ニュージーランド生まれ。15歳の時、札幌山の手高校に留学。東海大学を卒業後、東芝ブレイブルーパスに所属。ラグビーワールドカップには3大会連続で出場し、2015年、19年大会では日本代表キャプテンを務めた。13年に日本に帰化した。

――（司会）武部会長がリーチマイケル選手と対談したかった理由は何か。

武部勤（以下武部）……コロナ禍が拡大している中、東京オリンピック・パラリンピックが開催にこぎつけ、スポーツの力に感動しました。感動といえば、２０１９年のラグビーワールドカップで日本代表キャプテン、リーチマイケル選手率いる日本チームの奮闘ぶりに日本中が湧きました。日本中に格別な感動を与えてくれたと思う。キャプテンのリーチマイケル選手の統率力の源泉に大和魂を見る思いでした。

日本では、古くから万物一体の精神文化があり、山川草木《さんせんそうもく》も神の分身、人間もみな神の子、みな同じで無限という考え方がある。ラグビー日本代表チームは、さまざまな外国出身選手を受け入れ、無限の同化力、前進力をもって素晴らしいチームに作り上げた。これこそが大和魂だと私は思います。ですから、私は一般財団法人「外国人材共生支援全国協会」（ＮＡＧＯＭｉ）がまとめた提言で、「日本代表キャプテンであるリーチマイケル選手はグローバル人材共生の象徴である」としたのです。

なぜ、リーチマイケル選手は素晴らしいキャプテンになったのか。それは留学した札幌山の手高校と関係があるのか。高校のラグビー部監督の佐藤幹夫先生の指導なのか。高校、大学、社会人でラグビーをして身につけたものなのか。それとも、ニュージーランドに住むお父さん、お母さんの影響なのか。私はずっとリーチマイケル選手に会ってみたいと思っていました。いくつになってもお父さん、お母さんは忘れられない存在です。まずは、日本国籍であるリーチマイケル選手からお父さん、お母さんへの思いを聞かせてほしい。

対談写真撮影／山本奈月

リーチマイケル選手（以下リーチ）……お父さんはニュージーランド人で白人種系です。お母さんはフィジー人で有色人種系です。二人の子供である僕と姉妹はハーフだ。お父さんとお母さんの育った文化は全く違う。子供の頃、どちらを優先するか悩ましいこともあったが、父母ともどちらかを押しつけることもなく、好きなようにどうぞ、という感じだった。そうやって、ここまで来た。

北海道斜里町出身の著者と札幌市で高校時代を過ごしたリーチマイケル選手

お母さんは感情的でラグビーが大好きだ。お父さんは静かなほうでけんかはしないタイプの人間だ。父は人を助けることを信条として生きてきたし、母も人や家族を助けてきた。そういう両親の姿を見て育ってきた。お母さんはフィジーでも電気や水道が通っていない地域で生まれ育った。ニュージーランドでもらった物をフィジーに送ったりしていた。お父さんは技術者、エンジニアなので、鉄を使ったり、木を組み立てたりすることができる。不便なフィジーに行って家や道路を造ったり、いろいろなことを手伝ったりしていた。人を助けることを優先するあまり、請求書を送らなかったりした。だから、家はいつも貧乏だった。

武部……お父さんがそういう行動をするのは宗教的な理由ですか。

リーチ…… お父さんはクリスチャンでなく普通の人、お母さんもフィジーで教会に行っていたわけではない。ニュージーランドで、私は5歳まで教会に行っていたが、それ以降は教会にも行かず、自由に柔軟に生きてきた。

武部…… リーチマイケル選手はお父さん、お母さんのどんなところを受け継いでいるのでしょうか。

リーチ…… お父さんから影響を受けたのは物を大事にすること。物を繰り返して使うことだ。物欲はあまりないが、買い物では絶対に安い物を買わない。しっかりした物を買って長く使う。お母さんからはやはり人や家族を助けること。私は子供の頃から古着で育ってきたが、お母さんは使った服とか、おもちゃなどはフィジーやアジアの人に送っていた。

フィジーに行った時、そうした贈り物をもらった人がとてもうれしそうな表情をしているのを見て、私もうれしくなった。お母さんのしていることの意味がよく分かった。

武部…… ご両親の人間像がよく分かりました。ワールドカップでのリーチマイケル選手を見ていると、私は強くアクティブな面よりも、優しく包容力があり、ゲームが終わるとチームのメンバーに気を使っている姿が印象に残っている。15歳で日本に来て、日本でいろいろなことを勉強したと思っていたが、両親から影響を受けていたことを知った。私は父親が北海道斜里町《しゃりちょう》で中華料理店を経営していたので、お客さんへの父や母の対応を見て学んだこともあった。リーチマイケル選手は大和魂を日本で学んだと思っていたけど、お父さん、お母さんから受け継いでいる部分が大きいのですね。

リーチ…… そうかもしれない。陽気なお母さんはパーティーが好きで、いろいろな人たちが集まる。人

大御神社（宮崎県日向市）の「さざれ石」。選手らは「さざれ石」の前で君が代を斉唱した。

種もいろいろ集まるので、いろいろな文化と触れ合うことができた。

――2019年のラグビーワールドカップ大会の前、1カ月にわたる宮崎市内の合宿を終えた日本代表チームは最終日の7月17日、バスで1時間ほどの日向《ひゅうが》市にある大御《おおみ》神社にある「さざれ石」を訪れたと聞いている。日本代表チームが訪れるのは2015年のラグビーワールドカップ大会を控えた時期に続いて2回目でした。

武部……リーチマイケル選手がキャプテンとして日本の国歌「君が代」（※1）を勉強し、日本代表チームの選手に「君が代」の意味を説明したと聞いている。国歌「君が代」に詠《うた》われている「さざれ石の巌《いわお》となりて苔《こけ》のむすまで」をチームで見に行った。なぜ、そういうことをしたのかに興味がある。リーチマイケル選手はラグビーの日本代表チームにどんなスピリットを吹き込もうとしたのか。

アイルランド代表とのテストマッチ。試合中にハドルを組みチームを鼓舞するリーチマイケル選手（2017年6月24日撮影／志賀由佳）

（※1）国歌「君が代」：「君が代は千代に八千代にさざれ石の巌となりて苔のむすまで」は、10世紀に編纂された勅撰《ちょくせん》和歌集『古今和歌集』巻七「賀歌《がか》」巻頭に「読人知らず」として「我君は千代に八千代にさざれ石の巌《いわお》となりて苔のむすまで」とある短歌を初出としている。

リーチ……いろいろな目的があります。まずは日本の代表だからチームが勝つため、チームとして国を愛する心を高めなければいけないと思った。それで国歌を勉強してみました。国歌の「さざれ石」が日向市の大御神社周辺の巨石と知り、そこにチームで出かけて歴史や文化、伝統の話をして、自分たちがなぜ、国を代表して「君が代」を歌うのか、自分たち自身で学び、共有したわけです。

武部……31人のワールドカップ日本代表には15人の外国出身選手がいました。リーチマイケル選手ら8人の日本国籍取得者のほかに、帰化していない外国出身選手が7人いました。

どんな日本代表チームをつくろうと思ったのですか。

リーチ…… ラグビーは体をあてるスポーツです。体を犠牲にするスポーツです。ワールドカップの日本代表なら、何のために犠牲にするのか、そこから始めなくてはならない。日本を好きにならないといけない。日本の歴史や文化、伝統のいいところを、日本を誇りにする選手を多くつくらないといけない。チームの半分は外国出身選手、半分は日本人選手ですが、日本を代表する覚悟を持たなくてはならない。いろいろな面で日本を好きになるチームをつくりたかった。単なる日本代表でなく、日本のことが好きになるチームをつくりたかった。だから、チームづくりは国歌斉唱から始まったのです。

驚くことにチームの中で体を張るのは日本人選手なのですよ。日本人は感情を前面に出して体を張れる世界で一番の人種だと思う。内面がすごく強くて。それに火をつけるには何をしなければいけないのか。チームの中で外国人選手にも同じような覚悟がないといけない。そうしないと日本人選手のように体を張れない。内面に火をつけるためのチームづくりが大変でした。

武部…… ラグビーは格闘技的な要素もあるが、どうやったら体を張ることができるのか。

リーチ…… ラグビーは総合的なスポーツです。スキルがいるし、いろんな体格の人がいる。代表レベルになると、普通の人ではできない。他のスポーツと違って、体と体がぶつかりあうので覚悟がないとできない。そうした面を観客は見ていて魅力に感じるのかもしれません。私はずっとラグビーをやってきた人間だから分からないけど。トップチームとトップチームの試合になると、強烈に体と体がぶつかりあって怖いものです。私だっていまだに怖いですよ。

やはり、何のためにやるのか、チームとして明確にすることです。何よりも個人として深く考えることが大事です。そうしなくてもやれるけど、本当の力が出せない。

日本人は諦《あきら》めず、倒されても立ち上がってくる民族だ。その点、私は日本人ではない。自分はニュージーランド人かといえば、肌は有色だ。フィジー人かといえば、フィジー語をしゃべれない。日本人かといえば、日本語は話せるが見かけが違う。自分は何人とか思っていない。自分らしく生きている。いろいろな方々の背中を見て、良い影響を受けて生きてきた。いろいろな指導者や先輩を見て成長してきた。自然とチームについての考え方が備わり、そしてキャプテンになった。

ラグビーは試合が終われば、ノーサイド。勝っても負けても、終われば、握手して、時には互いに酒を飲めるスポーツだ。そこがラグビーをやって良かったと思うところだ。

――日本のどういうところが好きか。日本の良くないところはどういうところか。日本をどう立て直したらいいと思うか。

リーチ…… シンプルなところから好きになればいい。好きなラーメン屋でも定食屋でも、寿司屋でも、そこのマスターの仕事にかける真摯な姿勢に気づくことが大事です。そういうところから日本の良さを感じればいい。正直言って、日本をどう立て直すかは分かりません。

武部…… その答えは、リーチマイケル選手に学ぶことだと思う。リーチ選手に教えてもらわなければいいけない。日本のいいところは、日本人は一人一人の個性はあるが、いざ一緒に仕事をする時、みんながチームになった時に言いたいことを言わず行動することです。トップの俺の言うとおりにしてくれと言ったら、素直に了承して行動に移す。リーダーも結果が良くなかったら素直に反省して「お前のアドバイスは大事だったな」と。上も下も意見を出し合い、リーダーがこう決めたら、わだかまりを捨てて一つになってやり遂げることだ。リーダーは反対意見でも、自分が誤っていると思ったら反省する。そういうことをワールドカップでのリーチマイケル選手のキャプテンぶりを見ていて感じた。私もワンマンなところがあるが、終わったら、みんなをねぎらう。リーダーの指示に従う、終わったらみんなの意見を聞く。

そういうところがワンチームだと思う。ところで、ワールドカップ日本代表チームのワンチームはリーチマイケル選手がつけたのですか。

リーチ…… いや、違います。ワンチームは最初からあって、ワンチームをつくろうとした。そして、チームスローガンになった。それをメディアが取り上げでワンチームがトレンドになっただけです。キャプテンは一人でやったら大変です。リーダーシップを学ぶことが大事だ。チームにとってリーダーシップとは何なのか。自然なリーダーもいるし、リーダーをやるにはいろいろなコツもある。

最初、キャプテンになった時、全部、一人でやろうとしたら、アンバランスになっていろいろなことが崩れてしまった。それで自分でも勉強した。私なりの考えでは、リーダーが一番やらなければいけないことは、さらに他にリーダーをつくることだ。そのリーダーがまたリーダーをつくっていく。そうすれば、一人一人がリードできて、人に仕事を任せることができる。結局、トップがやりやすくなる。

武部…… 先生は弟子であるという言葉がある。日本の職人の世界は、親方から一番弟子へ、さらに弟子から弟子へ教えられ伝承されていく。そうした弟子たちが教えられ、教える経験を積めば、親方の苦労が分かる。リーダーの苦労も分かり、思いやりが生まれる。これは日本の文化じゃないかと思う。リーチマイケル選手を見て、大和魂を感じるのは、ゲームが終わっても、みんなに気を使う、家族にも、チームにも。外国出身のキャプテンでも、スタンドの観客、テレビの視聴者を一つにさせることができる。

——東京オリンピックが終わった。オリンピックをどう受け止めているか。

リーチ…… 難しいところはあった。コロナで見に行こうにも行けなかったので寂しいところはあった。日本人選手は、外国人選手もそうだが、コロナと戦い、外の声とも戦いながらやっていた。

武部…… 東京オリンピックの開会式を見ていると、男子バスケットの八村塁《はちむらるい》選手が旗手を務め、女子テニスの大坂なおみ選手が最終の聖火ランナーになっていた。二人とも母親は日本人だが、父親は外国人だ。何と素晴らしい演出だと思った。10年も経たないうちにリーチマイケル選手のような日本人の血が入ってなくても日本に帰化した人が最終のランナーになる。50年経ったらリーチマイケル選手、そして八村塁選手、大坂なおみ選手のような日本代表選手が7、8割を占めて五輪の開会式を行進しても違和感がないのではないかと思う。

リーチ…… 50年後に私のようなアスリートが当然になると予想するには今はまだ早いのではないか。「日本社会はそうなって普通だよ」とするには、どう変えていくかが大事になっていく。
どう変えるのか。日本に来て17年が経ち、確かに外国人が増えて、外国人に少しずつ慣れてきたが、日本社会はもっともっと異種のものを組み合わせてハイブリッド化することが必要だ。
私に言わせれば、むしろ世界が日本に学ぶことは多いはずだ。日本のシステムにはいいところがたくさんある。礼儀とか、サービスとかは日本が世界に誇れるものだろう。
しかし、日本で仕事をするとなった時、責任を取りたくないからやらない人がいる。そこをどうやって変えていくのか。会議の場では発言しないのに、会議が終わったら、ああだ、こうだ、という人がいる。それじゃ、その場で言ってくれよとなる。こういうことをどうやって変えていくのか、どうやって責任を取る社会にするのかが大事なのではないか。

武部……外国人と日本人に隔たりがなく、一つのチームとして、自分の意見をきちんと言うことが必要だ。

リーチ……弟子の話に戻るが、弟子から弟子に伝える場合、どこかで変えなければいけない。変化を起こさないといけない。弟子としてずっと継承するだけなら、古い時代のまま何も変わらないままだ。どこかで時代にあった教え方をすることが大切だ。刺激を与えないといけない。キャプテンも変わらないといけない。コアな部分は変わらずに大事にするが、ずっと同じことを教えるのではなく、ラグビーでも他の国は発達していくから、自分たちも進化していかなければいけない。リーダーがそういう意識を持てば、チーム全体はおのずと変わっていくものだ。

――NAGOMiの提言には「日本の特性は同化力にもある」と書かれているが、どういう意味か。

武部…… 日本人は異文化を大胆に受け入れる国民だと思っている。日本は昔から同化力があった。仏教が来れば仏教を、キリスト教が来ればキリスト教を受け入れた。他国の文化信仰を受け入れることも躊躇《ちゅうちょ》せず、これを受け入れて日本流に同化してきた。クリスマスはその典型だ。「和魂漢才《わこんかんさい》」という言葉があるが、古くから政治、経済、文化は大陸の中国から入ってきた。日本はそれらを受け入れ、日本流につくりかえて同化してきた。

リーチ…… 日本にはウエルカムの感じはある。すごく面白いけど、外国人だから「どうぞ」というところもある。日本人は駄目だけど、外国人だから「どうぞ」と。札幌山の手高校に留学したばかりの1年生の頃、グラウンド整備や部室の掃除は1年生がみんなでやっていたが、自分はやらなくていいと言われた。多分、お客さんと思っていたのだろう。お客さんにはやらせられないと。チームメイトなのに、外国人に対してはそういうところがあった。

武部…… ところで、最初に札幌に来てどんな印象でしたか。最初にすし屋を経営していた森山修一さん久美子さんご夫妻の家に下宿し、ラグビー部監督の佐藤先生の指導を受けたりしていたようですが。佐藤先生にはよく食事をおごってもらったとか。

リーチ…… 日本に来る前の日本のイメージは香港のようにごちゃごちゃしている感じだったが、最初に札幌に来てイメージが全く違った。人もごみごみしていなく道路は広々としており、緑が多く、きれいな街なのでびっくりした。ニュージーランドとそっくりだと思った。

留学当初の約10カ月間、寿司店を営む森山夫妻にお世話になった。二人は私にとって日本のお父さん、お母さんです。家族同然の扱いでした。話す言葉は日本語のみの約束だったので日本語と真剣に向かい合った。

札幌山の手高校の佐藤先生は日本でのラグビーの基礎を教えてくれました。生活面でも食事に誘ってくれ、ごちそうしてくれました。だから、高校時代に体がでかくなれたのは、佐藤先生が連れて行ってくれた学校の近くの店で腹一杯食べたからです。ハンバーグレストラン「びっくりドンキー」のジャンボハンバーグは忘れられない。佐藤先生から腹一杯食べろと言われ、遠慮なく食べました。それで体がでかくなりました。佐藤先生はいつもおごってくれ、感謝しています。

——日本に来た当初、違和感はなかったか。差別とか、いじめはなかったか。

リーチ…… 違和感はありました。15歳で日本にやって来て、日本人でも日本は好きでないというか、日本に憧れを持っていないと感じました。「外国人は格好いい」、「外国人はいいよな」みたいな。日本が好きな私から見ると、そんな日本人は不思議な感じがしていました。そういう違和感は、15歳の時に感じていたわけではなく、高校、大学とラグビーをやっていて、長い経験から、少しずつ感じていったものでした。差別やいじめはなかったです。

武部…… 日本語を習得するのは難しかったですか。ラグビー日本代表として堂々と日本語でインタビューの受け答えをしているが、最初はどうでしたか。

リーチ…… 日本語は難しいですよ。日本に来る前に2年間、ニュージーランドの学校で外国語の履修で日本語を選択し、ひらがな、カタカナを勉強してあいさつ程度は話せると思っていた。日本に来て、最初に教えてくれた日本語は使ったことがない日本語なので戸惑った。日本では「行け」とか「そうしなさい」とか短い日本語を使うので、どこへ行くのか、何をするのか、慣れるまで時間がかかった。2年目になってやっと自信をもってしゃべれるようになった。

言葉の壁はもちろんですが、それ以上にコミュニケーション能力が大切だと思う。どうやって相手に伝えるのか、伝え方を工夫しなければいけない。今の時代、ネットやSNSで情報を得ることができるし、スマホで言語を簡単に訳すことができる。だから言語にかかわらず、コミュニケーション能力を上げることが重要になる。

日本に来た頃、上下関係が分からなかった。先輩の洗濯を後輩がすることに疑問を持った。しかし、そういうことは変える必要がないと思うようになった。日本でそれをやっていくとリスペクトされることが分かった。外国人だというお客さんの部分がなくなってくる。日本人がやるようにやればチームに入りやすくなる。事前準備のように、1年生がやる仕事も労をいとわずにやれば、周りからリスペクトされるようになる。こういうことを分かることも、コミュニケーション能力を高めることだと思う。

武部…… リーチマイケル選手にはもともとコミュニケーション能力が備わっているように思える。

リーチ…… 私には父のニュージーランド、母のフィジー、そして日本の文化が入っている。自分は柔軟で対応力があると思う。ここは日本だから日本スタイルで生きていくことができる。もし、私が米国人だとして、米国のスタイルのまま日本で生活しようとすると、ぶつかる局面もたくさん出てきたと思う。私は柔軟性をもってやっていったほうがいいと考えるタイプだ。

武部……　日本には「郷《ごう》に入《い》っては郷に従え」ということわざがある。まさに、その言葉をリーチマイケル選手は体現している。

リーチ……　その言葉はニュージーランドのお父さんに日本に来る前に教えられた。日本人のメンタリティを尊重せよということを言いたかったのではないか。お父さんは何度か日本に来たが、来るとすぐに帰りたがる、私もニュージーランドに行くと、逆ホームシックで日本に帰りたくなる。日本は便利で、コンビニに何でもあり、お腹がすいたら何かしら食べることができる。ニュージーランドは店が早くに閉まってしまう。日本は絶えずずっと動いている。日本は食事がおいしい。日本で食べる中華、イタリア、ブラジル、タイ、フランスの料理は全部おいしい。

――リーチマイケル選手はラグビーの外国人留学生の支援をしているようだが、どうしてなのか。

武部……　リーチマイケル選手は母校である札幌山の手高校のモンゴル人留学生、ダバジャブ・ノロブサマブー選手を発掘し支援していると聞いた。アジアのラグビーを強くする目的で、自らモンゴルに足を運んで彼を選抜し、母校に留学させ、学費や生活費なども支援している。

実は私は在札幌モンゴル国名誉領事でして、その事務局員にモンゴル人女性のガンバット・ウスフバヤルさんがいる。ノロブサマブー選手がけがで2020年3月に札幌医大で手術する際、ウスフバヤルさんが立ち会って通訳し、その後も支援している。ノロブサマブー選手は元気に回復して試合に出ているそうです。今回の対談はノロブサマブー選手とウスフバヤルさんの交流が一つの縁となり、佐藤先生の協力もあって実現しました。

私はこの対談の前に札幌山の手高校に行ってノロブサマブー選手とも会ってきました。ノロブサマブー選手は「ラグビーが大好きだ。リーチマイケル選手のようなラグビー選手になりたい」と目を輝かせて話していた。

なぜ、モンゴルでラグビー選手を発掘しようとしたのか。どうしてノロブサマブー選手を選んだのか。彼はけがが直って頑張っているが、将来の見込みはどうでしょうか。

リーチ……日本に来て、私は相撲が好きになった。真っ向勝負するところが好きだ。相撲は日本の国技だけど、モンゴル出身の力士が活躍しているのを知った。高校時代は朝青龍《あさしょうりゅう》関が活躍していた。彼はやんちゃだけど勝ち続けていった。その後は白鵬《はくほう》関が活躍している。彼らは日本に来た頃は体もまだ小さかったけれど、稽古を積むごとに体がぐんぐん大きくなって相撲も強くなった。

相撲を見て、モンゴル人がラグビーをやったら強くなるのではないかと思った。今まではニュージーランドなどラグビーの強い国からの留学生だった。モンゴル人の留学生はアジアのラグビーを強くするためにも面白いと思い、モンゴルのラグビー協会に連絡をとった。向こうの協会から何人か候補がいると連絡

札幌山の手高校のモンゴル人留学生 ダバジャブ・ノロブサマブー選手。

があったので、早速モンゴルに行って候補者の中からノロブサマブー君を選んで連れてきた。
　彼を選んだ理由は手が大きかったことです。そして、ものすごく静かな人間だったからです。彼のバックグラウンドを聞いたところ、父親は牧場をやっていたが都会に引っ越し、モンゴルの伝統的な家に住んでいた。ハングリーさとタフさを備えており、彼には何としても成功しなければいけない理由があった。それでノロブサマブー君に決めたのです。
　彼は今、高校2年生だ。手が大きく身体的な素質があり、静かだが内に秘めた闘志がある。将来は分からないが、気持ちを上げていけばやっていけると思う。頑張り屋で負けず嫌いならば、日本で成功できると思う。

武部……　どうしてアジアのラグビーを盛んにしようとするのか。

リーチ……　今、日本はアジアの中でラグビーが断トツに強い。日本はアジアの国々をサポートする立場にあると思う。私はタイ、韓国、スリランカ、カザフスタン、フィリピンと遠征で試合をし、試合を見たりしたが、それらのアジアの国にはラグビー熱があった。今は弱いけど、強くなりたいという強い思いを感じた。まだノウハウがないがそういう国への普及活動をするとか、そういう国の選手を連れてきてコーチにする指導をするとか、アジア全体のレベルを上げる活動をしたい。

武部……ノロブサマブー選手を生活面でも支援しているが、そういう若手をこれからも育てるのか。

リーチ……さらに若手の育成はやっていきたい。アジアからやっていきたい。日本を起点にしてラグビーだけでなく、いろいろなスポーツの育成をやっていきたい。最近は韓国のラグビーも強くなってきている。例えば、フィリピンの選手が日本でプレーできるように、そういう夢を持たせることが大事だ。アジアでのラグビー強化は夢ではなく実現すべきことです。

――ではリーチマイケル選手の夢は何か。

リーチ……私の夢は札幌山の手高校の校長になることです。先ほど師匠から弟子に伝えていく話がありましたが、これを教育に置き換えれば、どこかで刺激を与えれば、視野が広くなり考えが変わると思っている。ラグビーやスポーツだけでなく、学校や生徒を変えることにもつながると思う。

教育ツールとしてスポーツを取り入れ、グローバルな魅力を持つ学校にして世界に発信すれば、すばらしい学生をさらに輩出できると思っています。

これは「言うは易《やす》く行《おこな》うは難《かた》し」だが、どうしても日本しか知らない生徒が多く、少なくとも視野を広げることによって将来の可能性は広がると思う。札幌山の手高校は私もそうだが、これまで留学生を迎え入れてきたが、時代に合った刺激の与え方によってまだまだ伸びる要素があると思う。

武部…… 私は「日本の国柄」にあこがれ、「日本を学びたい、日本で働きたい」と期待を寄せて訪れるアジアの若者がさらに増えるよう努力が必要だと思う。

技能実習制度は１９９３年にスタートし、２０１７年に技能実習法が施行された。19年4月1日からは人手不足が深刻な産業分野において特定技能制度での新たな外国人材の受け入れることができるようになりました。技能実習生数は19年12月末で約42万人にのぼり、国別のトップはベトナムの21万人余です。

全世界を襲ったコロナ禍のため、技能実習生らは母国に帰ることもできず、コロナの恐怖と生活不安の中で、路頭に迷う外国人が続出しました。実習する会社が倒産したり、住んでいる寮を追い出された実習生もおり、政府も実態把握に苦慮しているのが実情です。

私たちは、弱い立場にある技能実習生を保護するために自民党の二階俊博幹事長（当時）をはじめ、厚労省や法務省など関係省庁や関係団体に要請活動を行ってきました。二階幹事長より「政府と緊密に連携し、技能実習生を適切に保護するために、監理団体の全国組織を設立してはどうか」と示唆があり、２０２０年10月に一般財団法人「外国人材共生支援全国協会」を設立しました。英語では、National Association for Global & Open Minded Communities、頭文字をとって通称、ＮＡＧＯＭｉです。

私たちはアジアを中心とする外国からの技能実習生や留学生らが安心して活躍できる環境整備を進め、差別のない共に活躍できるグローバル人材共生社会を実現していきたいと考えている。

ニュージーランド代表とのテストマッチ。劣勢ながらも先頭に立ち体を張り続けるリーチマイケル選手（2018年11月3日 撮影／志賀由佳）

リーチ……　外国人はすごく有り難いと思うでしょう。外国人を雇っている会社は助かります。そういう活動は外国人にとってとても大切だ。私は周りでサポートしてくれる人が多く苦労はなかった。しかし、外国から一人でやってきて日本で生活するのは大変だ。日本のやり方に慣れるには時間がかかる。日本で仕事をすると、上下関係、マナー、時間厳守など守るべきものがある。だから、事前に日本について基本的なことを学べれば、日本の生活はより良いものになると思う。

――ラグビー日本代表は２０２１年６月末から７月初めに英国に遠征して国際試合を行いました。22年に新リーグ「リーグワン」（※２）が開幕します。ラグビーワールドカップ２０２３フランス大会もあります。リーチマイケル選手の抱負を聞かせてほしい。

リーチ……　まず私が所属チームである「東芝ブレイブルーパス東京」のためにやるべきことはフィールドで勝つことで

す。チームの方針に沿って、結果を出さなければいけない。そこで選手とコーチの間に入ってレベルアップを図ることです。そのためにチームの意識を上げていかなければいけない。

次に、新リーグ「リーグワン」は強豪国の選手も加入してレベルが高いものになっている。ラグビーをやっている者にとって夢の舞台になるように、新リーグで活躍できる日本人選手を増やしていきたい。

ラグビーワールドカップ２０２３に向けて英国に遠征し、２０２１年６月26日にブリティッシュ＆アイリッシュ・ライオンズ、７月３日にはアイルランド代表と国際試合をした。日本代表は新型コロナ禍の影響で合宿などの合同練習ができなかったが、今回の遠征で前回の大会のチームのようにまとまって試合することができた。ラグビーワールドカップ２０２３で、日本代表はどういうメッセージを出していくか。21年11月の海外遠征でアイルランド代表、スコットランド代表との国際試合などを通して、メッセージを考えていきたい。勝つことは大事だが、日本のファンがラグビーワールドカップ２０２３で代表チームのラグビーを見てどう感じるのか、そのためにどういうメッセージを出せばいいのかを考えたいと思う。

そして、日本代表のチームとしての思考プロセスを自分たちのものだけにせず、オープンにすることによって、いろいろな会社やスポーツチームが学べるようにしたい。

（※２）「リーグワン」：２０２１年７月16日にラグビーの国内新リーグの概要が発表され、18シーズンにわたり日本ラグビーを牽引してきたトップリーグ（ＴＬ）に代わり、22年に開幕するリーグの名称は「ＪＡＰＡＮ ＲＵＧＢＹ ＬＥＡＧＵＥ ＯＮＥ（ジャパン・ラグビー・リーグ・ワン）」となった。参入チームの呼称も同時に発表され、24チームが３つのディビジョンに分かれて、複数総当たりのリーグ戦を繰り広げる。新リーグの開幕戦は22年1月7日に行われる。

武部…… 日本政府は、自由で開かれたインド太平洋（ＦＯＩＰ：Free and Open Indo-Pacific）の実現に向けて、各国と協力しつついろいろな施策を展開しています。私は太平洋のニュージーランド、オーストラリア、そしてベトナム、インドネシア、フィリピンなどの東南アジアを一つの経済圏として交流を活発にすべきと考えている。コロナ禍でたいへんな面はあるが、文化交流はもちろん、ラグビーなどのスポーツ交流も活発になれば、アジア・太平洋地域の平和構築にもつながると思う。

リーチ…… ラグビーをアジアに広げていくことによって、ラグビーの持つスピリットが伝われば、みんながワンチームになることができる。平和でなければ、スポーツはできない。オリンピックもそうだが、スポーツは大きな力を持っている。ラグビーを通して、アジア、世界に向け、どんなメッセージを伝えるかは重要なことだと思う。

武部勤×北岡伸一

外国人材受け入れは日本の国益

【略歴】

北岡伸一（きたおか・しんいち）

国際協力機構（JICA）理事長

1948年奈良県生まれ。東京大学大学院博士課程修了（法学博士）。立教大学教授、東京大学教授、政策研究大学院大学教授、国連大使、国際大学学長などを経て、2015年10月から現職。東京大学名誉教授。

――（司会）外国人受け入れについて基本的にどう考えればいいのか。

武部勤（以下武部）……２０２０年10月に一般財団法人「外国人材共生支援全国協会」（ＮＡＧＯＭｉ）が発足した。特定技能制度の見直しの時期にあたり、我々は技能実習生と留学生を含め、外国人受け入れ政策全般について日本の国益上の重要な課題として考えている。特に日本社会には依然として外国人労働者は安い労働力という発想があるのではないか。日本の現実は少子高齢化で人は減り、エネルギーをはじめ自給自足できない宿命がある。

また世界の大きな流れはアジアに移っている。日本はアジアの一員であり、アジアの国々や人々との信頼なくして日本の将来はないといっても過言ではない。だからこそ、アジアからの人材受け入れ政策を考え、健全な就労システムをつくることが必要だと思う。外国人受け入れ政策は日本の国益、安全保障に影響する問題だ。

北岡理事長（以下北岡）……外国人受け入れは日本にとって重要だと以前から訴えてきた。人口のトレンドから見れば、その重要性は明らかだ。１９８６年ごろ、国際法の専門家である大沼保昭《やすあき》・東大法学部教授（当時）らとインフォーマルな勉強会を開き、外国人受け入れに関する議論をしていた。ドイツのガストアルバイター（国際移動をした出稼ぎ外国人労働者）を参考にどういう受け入れ方がいいのかなどを意見交換した。

しかし、この30年間、外国人の受け入れは一向に進んでいない。自身が国連大使を務めていた時（２０

対談写真撮影／山本奈月

日本が国際都市だった奈良時代の話題も出るなど白熱した議論が交わされた。

04－2006年）には、フィリピンからの出稼ぎ女性の受け入れは〝ヒューマントラフィッキング（人身取引）〟だという批判も受けた。インドネシアなどからの看護・介護人材の受け入れも日本語での難しい試験がハードルとなった。

2002年、小泉純一郎首相（当時）が提案した「日本・アセアン包括的経済連携構想」に沿って、福田康夫官房長官（当時）のもとで有識者懇談会が設置された。私も委員として参加した。この懇談会で、日本・アセアン経済連携を実のあるものにするためには「モノ、サービス、カネ、人、情報が国境を越えて自由に、円滑に移動できるような制度環境が必要だ」という提言をまとめた。

人の移動は産業の発展にとって非常に重要だ。提言では「日本経済の活性化に必要とされる人材を日本に受け入れるために様々な規制を大胆に見直し、日本の経済社会が必要とする分野で東アジアの優秀な人的資源を活用するシステムをつくる必要がある」と言及している。技術、建築、介護など資格の共同化と相互認証を積極的に推進するとともに、アセアン諸国の資格要件を日本の資格要件に揃えるための技術協力などを提案、他国の制度や問題点を踏まえつつ、外国人材の受け入れを積極的に推進していくことを提言している。
　提言をまとめる過程で、関係省庁からも説明を聞いたが、「看護・介護人材はまだ足りている、大丈夫だ」と言う。あと何年大丈夫かと聞いたら「３年は大丈夫だ」と説明された。それでは話にならない。しかし、日本の少子化が進む、働き手が足りない、企業では後継者がいない、という厳しい現状がある。私の実家は奈良県で小さな事業を営んでいるが、地方では外国人材なしに事業をやっていけないのが現状だ。

――歴史的に見て、日本の外国人受け入れはどうだったのか。

北岡……　日本は諸外国よりも外国人の受け入れがうまくできるはずだ。歴史を遡《さかのぼ》ってみれば、日本人は上手に外国人を受け入れてきた。かつて、中国や朝鮮半島から有能な外国人を受け入れてきた。奈良の大仏で知られる東大寺盧舎那仏《るしゃなぶつ》像の開眼供養会《かいげんくようえ》（天平勝宝《てんぴょうしょうほう》４年／７５２）は、ベトナムやインド、中国の僧侶が参加した国際色豊かなものだった。中世の日本ではベトナムをはじめ、東南アジアの国々と人の移動があった。
　日本も労働力として外国人を必要としているが、来日する外国人も一定の仕事をして母国へ送金したいという希望を持っている。海外で働いて外貨を獲得することは途上国にとっても重要だ。例えば、フィリピンでは国内総生産（ＧＤＰ）比で１割近くが出稼ぎ者からの海外送金によるものだ。途上国の経済・社会開発を推進することが国際協力機構（ＪＩＣＡ）の任務であり、外国人材の受け入れ支援も国際協力の一環として行う意義があると考えている。

一方、外国人の受け入れについて入口を狭くすると、そこにはブラックなものが介在するのは歴史的に見てもよくある話だ。日本に来る外国人が不当に搾取されたりして、日本嫌いになられては元も子もない。日本は外国人受け入れの問題を知らないと思われているが、実はそうではない。なぜなら、以前、日本は海外に移民を出していたからだ。明治初期から１９９３年までブラジルその他の国に海外移民を送り出していた。初期には貧しい者から搾取する団体も存在していた。米国への移民にも中間ブローカーが存在した。これらの問題や困難を超えて日本からの移民が定着し、現地では日本人・日系人は非常に信用されている。ＪＩＣＡの前身組織（海外移住事業団、国際協力事業団）は移住者送出事業を実施しており、その経験は今に継承され、日系社会は今や事業のパートナーとなっている。

今は外国人を受け入れる側として、送り出す側を親日国にすることが大切だ。ただの労働力ではなく、日本の財産として外国人を受け入れる。きちんと受け入れて多様なコミュニティをつくっていくことが重要になってくる。武部会長のような方が頑張って外国人の受け入れを活発化していることに敬意を表する。

――外国人受け入れについて日本にはどのような土壌があるのか。

武部……日本はかつて和魂漢才、和魂洋才と海外の知識や文化を大胆に受け入れ、それを日本流に上手

バーレーン王国下院議長を出迎える河野洋平衆院議長ら。左端がハリール・ハッサン駐日大使（いずれも当時）＝2008年６月、国会で。著者提供

に同化させていった。そういう国柄だと思う。日本には主座、つまり主体性があるからそうできた。

　ハリール・ハッサン前駐日バーレーン王国大使は日本の古事記を翻訳した要約文を8回くらい読んだらしい。彼は私が自民党幹事長時代からおつきあいがあった。イスラム教徒でありながら日本人女性との結婚式は明治神宮であげた。

　そのことをバーレーンの国王が認めてくれたという。私はその結婚式で仲人を頼まれたわけだが、ハッサン前大使は「日本の国柄は素晴らしい」と何度も言う。多様性を受け入れる度量があると。

北岡……　日本には多様な文化を受容できる素地がある。奈良の東大寺（第２１８世）別当・華厳宗《けごんしゅう》管長（現・東大寺長老）の森本公誠《こうせい》氏は京都大学でイスラム教を研究していた。仏教の高僧でありながら、イスラム研究（初期イスラム時代のエジプトの税制研究）で博士号を取得された。

　森本氏は他の宗教界では例を見ない存在だ。森本氏とはサウジアラビア、イランに一緒に行ったことがあるが、現地で

も大変尊敬されていた。こうした存在は日本の受容度の高さの証左ではないか。日本社会も特定の宗教のみを信仰して他宗教を排除するということはなく、さまざまな宗教の存在を受容している。

武部……私の地元である北海道小清水町《こしみずちょう》で研修しているベトナム人技能実習生が神社のお祭りで神輿《みこし》を担いだ。初めて神輿を担いだ実習生は「なぜ、神輿を担ぐのですか」、「馬頭観音《ばとうかんのん》があるけど何で馬なのですか」と地元の人に問いかけたら、聞かれた日本人のほうが分からず答えることができなかったという。そして改めて神社の祭典の意味や開拓時代に農耕馬が農業や農村を発展させるためにどれだけ力になってくれたのかを再認識するきっかけになった。

つまりベトナム人実習生の問いかけで日本人が地元の歴史、伝統、文化を学ぶわけだ。グローバル共生社会は互いに歴史、伝統、文化を学びあい、日本人が国際性を高めるチャンスになっている。

――互いの国から学びあう実例はあるのか。

北岡……数年前、エジプトのアブドゥルファッターハ・エルシーシ大統領が「日本式の小学校を200校つくりたいので協力してほしい」と言ってきた。私自身も、実験校として進めていたエジプト日本学校＝ＥＪＳ：Egypt-Japan School（※1）を見に行った。

ＥＪＳとは学級会、日直、掃除、特別活動（特活）などの日本式教育の取り組みが導入されているエジプトの公立学校で、ＪＩＣＡが実験校の運営に協力していた。西洋の学校ではみんなが一緒に歌を歌ったり、体育をすることはない。西洋文化ではエリートは掃除をやらないが、ＥＪＳの児童は、教室の掃除はするし、石けんで手も洗う。ＥＪＳを見て、私はエルシーシ大統領に「うまくいっていますよ」と言った。すると大統領から「２００校の日本式学校のため２００人の日本人の校長を出してほしい」と要請された。私は「日本にはアラビア語のできる教員がそんなにいません」と返答したが、本気で日本から学びたいとの姿勢を感じた。

（※１）エジプト日本学校（ＥＪＳ）：２０１６年、日本・エジプト両政府が、エジプトの学校で日本式教育の経験やノウハウの導入を両国が共同して進める「エジプト・日本教育パートナーシップ」を結んだ。このパートナーシップに基づき、２０１７年からＪＩＣＡはエジプト教育・技術教育省と共同で、首都カイロやその近郊の公立小学校・中学校をパイロット校として、日本式教育の導入のためのプロジェクトをスタートし、学校運営や特活などの専門家を日本から派遣している。２０１８年からエジプト側がＥＪＳを新設し、日本式教育の導入を通じた教育の質の向上を目指している。

武部……確かに、学校の生徒全員で掃除をするというのは日本の伝統、歴史、文化を踏まえたものだ。素晴らしい学びの場だ。海外からの技能実習生が３年間、基礎的人材育成期間として、いわゆる基本的な日本学を学ぶ期間を考えているが、エジプトの試みも素晴らしいと思う。個々人が一緒に仕事をする、作業をすることでみんなが取り組むチームワークの大切さを身体で覚えることができる。

――日本式の掃除をすることはどういう意味を持つのか。

北岡……全体のために掃除をする。その意味は平等性だ。日本が尊重する平等性は誇るべきものだと思う。これは世界ではまれな文化。掃除も日本の文化だ。日本はもっとこうした平等性のような日本的価値観に自信をもつべきだ。

エジプト日本学校では、日本式の掃除が採り入れられている。

エジプトの一般的な学校では、掃除専門のスタッフがいて児童は掃除に関わらない。校庭にはスナック菓子の包み紙などが散乱していることが多く、また、学校だけでなく公共の場でもポイ捨ては当たり前だ。路上にはよくゴミが散乱している。

エルシーシ大統領が最初にエジプトに日本式学校を導入したいとおっしゃった時、私は「日本の学校では生徒が自分たちで教室を掃除するのですよ」と申し上げたら、大統領は「それをエジプトでやりたいのだ」とおっしゃった。

ＥＪＳプロジェクトを通じて、日本の学校では当たり前となっている、自分たちの学校は自分たちできれいにするという習慣をつけることで、学校でのポイ捨てが減り、公共の場やモノを大切にするといった考えが定着して、自宅や公共の場での人々の行動も変わることが期待されている。

掃除を通じて、みんなで使う場所はみんなできれいにするといった社会性、公共性、そしてみんなで協力して何かを成し遂げる協調性、ポイ捨てはしないなどの規律を育むことが考えられる。保護者からは実際に子どもが家でも自分の部屋の掃除をするようになったなどのコメントも聞かれる。

――国としては何を重視すべきか。

武部……グローバル共生社会が進むことによって、日本人自身も日本の歴史、伝統、文化を再認識すると同時に国際性を高め、真に開かれた日本を目指していくべきと思う。その上で外国からの若者を幅広く受け入れ、差別のない多文化共生社会を構築する。一方で、日本には深刻な人手不足がある。外国人受け入れ政策は国益として国家戦略で進めるべき課題であることを我々は真剣に考えなければ日本の行く末が心配だ。

北岡……日本は西太平洋のインドネシア、フィリピン、ベトナムを大切にすべきだ。外務省が実施した世論調査によると、この３カ国は「最も重要なパートナーとしての国」「最も信頼できる国」として、いずれの指標でも日本が中国より上位にある。中でもベトナムは、いずれも日本が第一位だ。3カ国は親日的で、自由、平和、法の支配などの普遍的な価値観を共有でき、アセアンで重要な位置を占める。日本にとっても重要なパートナーだ。

これらの国々と強固な関係を築いていくことは、日本の安定と発展、そして「自由で開かれたインド太平洋」（ＦＯＩＰ：Free and Open Indo-Pacific）の実現のために決定的に重要だ。私個人のアイデアという位置づけだが、「西太平洋連合」（ＷＰＵ：Western Pacific Union）構想を提唱している。「西太平洋連合」は、西太平洋にある日本、インドネシア、フィリピン、ベトナム、オーストラリアなどを主要メンバーとする緩やかな地域連合だ。これらの国の人口を合計すれば約6億人となり、国際社会でも一定の発言力を持てる規模となる。

インドネシア、フィリピン、ベトナムにはそれぞれの特徴と重要性がある。インドネシアは人口2億7000万人を抱えアセアン最大だ。日本との関係も緊密で、「西太平洋連合」ができれば日本と並ぶリーダーとなるだろう。フィリピンは長い親米の伝統があり、経済的には中国の進出が著しいものの、日本の影響力も強い。長年のミンダナオ紛争解決に対する日本の協力も高く評価されている。

ベトナムは中国との間で長年の地政学的対立を抱えており、紛争の平和的解決を強く主張している。国内の日本語学習熱、日本への労働者の流れも最も盛んだ。文化的、政治的、経済的に日本と極めて密接な関係を築いている。

――外国人受け入れの際、日本語能力についてどう考えるべきか。

武部……日本国内で外国人労働者の問題が起きる原因はコミュニケーション能力、つまり日本語能力にある。私たちは入国前に日本語能力試験のN5を義務化し、日本語能力や日本の生活、習慣、文化、労働慣行などの習得を要件とすべきとの提案に対し、自民党のグローバル人材共生推進議員懇話会においても同様の提言をしていただいた。

北岡……私も日本語の能力は大切だと思う。今の時代、情報はスマホで流通する。外国人労働者も情報をSNSでとっており簡単にはだまされない。もっといいビジネスチャンスがあれば中国、韓国、台湾にも行く。

最初はサバイバルに必要な、簡単で有用な日本語を学べればいいと思う。現在の日本語教育の欠点は専門家が難しいことを教えたがることだ。サバイバルに必要なレベルでいいので、入口を広げてやることだ。ベトナムをはじめとする東南アジア以外では、インドやスリランカなども日本語への関心は高く、上達が早いという印象がある。

1980、90年代は海外では日本語で読むものがなかった。しかし、今はユーチューブや漫画、アニメなどをインターネットで見ることができる。やさしいレベルの日本語を教え、日本語への入口をしっかり開けば、上達するために読んだり聞いたりするものはいくらでもある。

訪日前に必要最低限の日本語を学べるようにJICAの協力を拡大し、訪日後も、仕事や生活に必要な日本語が身に付けられるようサポートできるとよい。日本に帰国したＪＩＣＡ海外協力隊などの国際協力人材を活用して、地域における日本語教育や課題解決に活用していくことも考えられる。

武部……グローバル社会では英語、さらに中国語が必須になりつつある。日本の伝統、文化を知ってもらうためには日本語を普及することが急務だと思う。グローバル人材共生推進議員懇話会から、相互理解を深める「緩やかな日本語圏」を醸成することが必要だとの指針を出してもらった。

北岡……国家戦略として日本語を東南アジアでどう広げるか。世界でみんながつぶやけるように、まずはやさしい日本語を教えていくことだと思う。

世界を見回せば、ユダヤ人は有名だが、ジョージア、アルメニアも本国より海外に移住している人口のほうが多い。彼らは、何世代たっても海外で自国の言葉と宗教を維持しており、それが彼らのアイデンティティの核となっている。日本で宗教に代わってアイデンティティの核になるものがあるとすれば、それは皇室の存在だ。例えば、中南米の日系人は皇室を尊んでいる。日本語のほうは日系人でも十分習得していないことが多く残念だが、日本語を教えていく取り組みも継続していくべきだ。

ＪＩＣＡ海外協力隊は、中南米の日系社会において、文化の継承やアイデンティティの形成を目的とし、日本語を教えてきた。東南アジアでも、１９８０年代から中等教育機関における日本語教育に協力し、中高生が楽しんで日本語を学べるよう工夫してきた。それらが日本や日本語のファンを増やし、留学先や就労先として日本を選んでもらう基盤になっている。

それに英語がうまくなることだ。日本語と英語が当面は必要だ。東南アジアでは中国語もできればいいが、とりあえずは日本語と英語の2カ国語をしゃべれるようにすべきだろう。

――外国人受け入れについてＪＩＣＡの役割とはどういうことなのか。

武部……入国前に日本語能力試験Ｎ５を義務化するとなれば、そのために日本語教師を派遣するとか日本が果たすべき責任や役割も当然必要だ。私は日本語教育もそうだが、外国人材の受け入れについてＪＩＣＡに期待している。技能実習生だけではなく、特定技能制度にしても、技術・人文知識・国際業務の制度にしても外国人材に関してＪＩＣＡに担ってほしい課題が数多くあると思う。我々もまたＪＩＣＡと連携協力してやっていきたい。

北岡……２０１９年４月に改正入管法（出入国管理及び難民認定法）が施行され、新たな在留資格として「特定技能」が新設されたものの、想定された人数が来日していない。外国人材受け入れのための環境整備や共生社会構築に向けた取り組みについて、ＪＩＣＡはこれまでは自治体などとの連携の中で協力を求められたら手伝うというスタンスだった。

しかし、来日する外国人労働者のうち半数以上は途上国出身者が占めている。そうした途上国での現場経験があり、外国人とのやり取りがスムーズにできる人材を豊富に抱えているのはＪＩＣＡだ。ＪＩＣＡだからこそできることがあるのではないかと考えている。ＪＩＣＡ法（独立行政法人国際協力機構法）で定める業務の範囲内でできることも多く、どんどんやるべきではないか。そうした背景から、「ＪＩＣＡ

が外国人材の受け入れでもっとお手伝いできることがある」と菅義偉《すがよしひで》官房長官（当時）に進言した。菅官房長官は、その提案に賛同してくださり、「是非やってください」と言われた。それ以降、ＪＩＣＡとして外国人材受け入れの分野でも取り組みを進めてきた。

――ＪＩＣＡはどういう取り組みをしているのか。

北岡……来日前に外国人労働者が接する情報が限られていることを解消するため、途上国側での情報提供に取り組むことはＪＩＣＡができることだ。２０２０年11月には多くの関係者と連携して「責任ある外国人労働者受入れプラットフォーム（ＪＰ－ＭＩＲＡＩ）」を任意団体として設立し、ＪＩＣＡは共同事務局として関わっている。ＪＰ－ＭＩＲＡＩでは外国人労働者が必要とする情報に簡単にアクセスできるアプリや、困ったときに相談、救済ができる仕組みを作ろうとしている。また、悪徳ブローカーなどの排除などにも取り組む予定だ。

来日前の取り組みとして、日本・アセアン包括的経済連携構想にあるとおり、日本とアジア諸国の技術者や労働者が移動可能になるような、資格制度の互換認証、電子化などの標準化は重要であり、また、日本に行くためのいろいろな情報提供は大切だ。ベトナム人が日本など外国へ行こうとして情報収集する時にはまずは日本大使館が入りやすいポイントになるだろうが、他にもベトナム日本人材開発インスティチュート（ＶＪＣＣ）、日越大学もある。

日越大学でも日本大使館でもＪＩＣＡ事務所でもいいから相談できる所をつくることが重要だ。まずはここに相談しようと定評のあるものをつくっていくことが大事だと思う。

武部……　日本に来てベトナムへ帰国しても自立できない例がある。日越大学にキャリアセンターを設立してはどうか。日本で各種の職業について実習しているが内容が標準化されていない。従って、帰国後の就職活動においてもうまくマッチングできない。そこで帰国後、キャリアセンターにおいて3カ月でいいと思うので日本での職種について補習し一定水準に達するよう研修する。そして合格点に達したら修了証書を授与する。日越大学はその受け皿になりうると思う。日本語だって補習授業を受ければもっとできるようになる。

日本も、アジアの国々から選ばれる時代だ。働くのにどうか、生きがいがあるか、安全か、夢や希望があるか、など他の国々と競争して日本が選ばれるかが問われている。帰国後のキャリアセンターのようなフォローアップは是非とも必要だと思う。

修士課程からスタートした日越大学には２０２０年秋に学部が新設され、研究志向の大学として最先端技術などを学ぶ体制の整備を促進しつつある。一方で、日本の経済成長を支える原動力が中小企業であったことを考えれば、日越大学には医療、介護、リハビリ、ファッション、アニメーション、料理、基礎技術など幅広い分野の各種学校・専門学校を付設すべきことも大事なことだと思う。

ベトナムでは専門学校は労働・傷病兵・社会問題省の所管で、大学は教育訓練省が担当している。担当官庁が違ってなかなか難しいという話はあるが、より多くのアジアの若者たちに日本を好きになってもら

2016年に開学した日越大学。日本とベトナムが協力して、世界水準の人材育成を目標としている。

うには日越大学のブランド力を高め、各種学校、専門学校を付設することは必要なことではないか。日越大学に付属高専の話は当初事業計画にもあった。

――日越大学に各種学校・専門学校を付設することをどう考えるか。

北岡……私もこれまでの長年の大学での経験から大学のことはよく分かる。日越大学の先生が真剣でないと動かない。学校は優秀な卒業生が出ると、その卒業生は母校の発展を願うものだ。そうすると好循環が生まれる。この好循環をいかにつくりだすか。専門学校レベルの教育は重要だと思うが、ベトナム政府や日越大学の関係者がどう考えているのか。あるいは、他の機関を支援するほうがいいと思っているのかを見極めることが大切だと思う。

武部……日越大学はブランド力が高くなっている、それをさらに磨きあげる。新キャンパスができるハノイ郊外のホアラック地区には75ヘクタールの土地があるわけだから、場所の提供だけでもおもしろいと思う。日越大学のブランド力をどう生かすかが勝負どころではないか。

ベトナムで新しいことをするには調査に時間がかかるし、利害関係の調整が必要になる。日越大学に付設する機関ならスムーズにできるのではないか。

北岡…… いろんなところで政府開発援助（ＯＤＡ）をやっているが、基本は人間だと思っている。信頼関係を築くことが一番重要だと思っている。信頼を築くうえで有効なのは教育と医療だ。ハノイの病院はラオスの患者もカバーしている。ベトナム戦争の中でも一日も休んだことがないという。人間を通じて信頼感を醸成していく。その国に親日家をつくれば30～40年は良好な関係が続いていく。一方で、外国人を受け入れることによって日本を開かれた社会にしたい。

日本は日本語の壁で守られている。世界の風にあたっていない。まずは分かりやすい日本語を教えることが大事だ。それを突破口に開かれた社会にする。そうしたことに貢献することが大切だ。ベトナムでは韓国の芸能が人気だ。東南アジアではＫ－ＰＯＰの人気がすごい。日本も負けていられない。

――外国人受け入れをめぐり、不正防止が叫ばれている。

武部…… ＮＡＧＯＭｉは技能実習制度の不正防止キャンペーンをしている。結果としてアジアの若者に多額の金銭的負担を強いることはあってはならない。根本的には相手国政府や関係機関にしっかり不正防止に取り組んでもらうことが大事だ。ＪＩＣＡとしても、人材育成はもちろんのこと、技術協力などを通じて、不正防止などのプラットフォームをつくり取り組んでいただいているが、さらに期待したいと思う。

北岡…… 不正防止は当然のことだ。夢を持って日本にくる若者が、多額の借金を背負い、悪い印象を持って帰国するということはあってはならないことだ。途上国側には公務員の給与が安いといった不正を招くような土壌があるが、受け入れ側の日本にも搾取の構造や意識の問題などの課題があり、国内外の両方を見ながら解決していくことが重要だ。

民主主義で大切なのは何よりも法の支配だ。全体主義への防御策は法の支配だ。明治初期、日本は近代化の過程で欧米の法律をそのまま取り入れるのではなく、多くの国の法律を比較、研究し、日本固有の価値観や社会・文化を損なわない法体系を追求して、法による国づくりを開始した。この経験に基づき、「他国の法律を押し付けるだけでは根付かない」という日本独自の協力姿勢のもと、ＪＩＣＡは20年以上にわたり、ベトナム、カンボジア、ラオス、ミャンマーなどアジアを中心に法整備支援（※２）を展開している。法律が活用できるようになることは、弁護士の活動を支えることにもつながる。それによって社会はクリーンになっていく。各国の労働者の海外派遣に関する法律の整備や改善も、日本などの外国で働く労働者の保護という面では非常に重要であり、強化が必要と考えている。

（※２）ＪＩＣＡ法整備支援：法運用組織の機能強化支援（組織の機能強化、実務改善など）、ルールの整備支援（法律の起草支援、立法化促進支援）、リーガルエンパワメント支援（法の普及支援、人々の法・司法制度へのアクセスの改善支援など）を3つの柱として、法務省や最高裁判所、日本弁護士連合会、公正取引委員会、大学など多様なアクターと連携しつつオールジャパン体制で包括的な支援を行っている。

――グローバル共生時代における政治の役割は何か。

武部……日本の選挙制度は以前の中選挙区制も今の小選挙区制もそれぞれ長所と短所がある。中選挙区制の時代は自民党内で政策論議も活発だった。同じ自民党国会議員でも個性豊かな議員同士の激論が展開されたものだった。残念ながら小選挙区制になって議員は金太郎飴みたいになっているように見える。政治家が役人のように官僚的になっているのではないか。また野党は批判反対ばかりという印象にも見える。日本をよくしたのも官僚だが、現状に固執し改革志向がないのも事実だ。そこで議員連盟が重要になってくると思う。

与野党の垣根を越え、重要な国策、そしてグローバルの動きと軌を一にして政治の役割を「着眼《ちゃくがん》大局《たいきょく》、着手《ちゃくしゅ》小局《しょうきょく》」で果たしていくことが求められている。その意味でもこれからは議員連盟が重要な活動分野になると思っている。自民党から共産党まで全党が参加している日越友好議員連盟が日越外交関係樹立40周年の記念事業として提案され、実現した日越大学は良い例だ。

北岡……「日本の国際協力―特に青年海外協力隊の活動―を支援する国会議員の会（ＪＩＣＡ議連）」に

強力な応援をしていただいている。一時期活動が活発ではなかった時期があったが、今は額賀《ぬかが》福志郎《ふくしろう》衆院議員が会長で大変活発に活動していただいている。

そこでは、目標を大きく打ち出そうと議論されている。日本の防衛費は国内総生産（ＧＤＰ）のほぼ１％で北大西洋条約機構（ＮＡＴＯ）標準２％の半分。ＯＤＡについては国連の目標は国民総所得（ＧＮＩ）比０・７％だが日本は半分もいっていない。ＧＮＩ比０・35％を達成して、さらに０・７％を目指すべきだ、と打ち出そうとしている。

武部……外国人材の受け入れに更なる役割を果たすため、正面からＪＩＣＡ法を改正したらどうか。

北岡……現在は、外務省とも相談のうえ、ＪＩＣＡ法の解釈上の工夫で対応しており、相手国との合意の事業の中で取り組んだり、付帯事業や調査研究などで取り組んだりしているが、外国人材の受け入れ拡大が予想される中では、抜本的にＪＩＣＡの役割の見直しも必要になると思う。

――アジアの国々と信頼を築く戦略的な意味とは何か。

武部……日本は日米同盟を基軸にアジアの国々と信頼関係を築くことが国益に適《かな》うと考える。アジアとの相互理解、相互交流を図るために、アジアの勤勉な若者を受け入れ、アジアの模範になる人材確保及び人材育成を基本とする就労システムを構築することが必要だと思う。労働者というより、アジアの安定と日本の持続的成長のために共に活躍できるパートナーとして迎え入れることが大事だと思う。そのことが国際貢献にもなる。

北岡……日本にとって日米同盟が基軸なのはそのとおりだ。ＦＯＩＰ（自由で開かれたインド太平洋）は日米同盟があってこそ機能する。ただ、米軍は太平洋からインド洋まで対象にしているが、日本はせいぜいフィリピン以北しか対応できない。日本は米国のように軍事大国ではないから、同じようには対応できない。同じ状態は東南アジアの国々にもいえる。もちろん自由主義陣営であり、中国とは一線を画す。しかし、日本は経済で中国に依存している面がある。基本は中国ともうまくやらなくてはいけない。米国が中国への制裁を強めれば、米国に気を使うが、有事にはなってほしくない。そこで、まずは「日本としっかりやっていくのがいい」ともっていくのがいいのではないか。

中国に脅威を感じているのは西太平洋のベトナム、フィリピン、インドネシアも同じだ。中国による南シナ海への海洋進出が進んでいる。中国は南シナ海地域に関係ない国はうるさいことを言うなという態度だ。しかし、海洋は一つだ。東シナ海も南シナ海もつながっている。（東シナ海の）尖閣《せんかく》諸島だけではなく、南シナ海においても中国の海洋進出を押しとどめることが必要だ。尖閣諸島の例が良い影響をもたらすように（海洋進出問題で中国ともめている）インドネシアとも情報をシェアすべきだ。

また、フィリピン、インドネシアは民主化しているし、ベトナムは戦略的利害が日本と近い。この3カ国は東南アジアで大きい国ばかりであり重要だ。これら3カ国の次に重要なのは環太平洋パートナーシップ（ＴＰＰ）協定に入っているマレーシア、シンガポールだろう。

日本に重要なのはＦＯＩＰと日米同盟、日米豪印戦略対話（Ｑｕａｄ《クアッド》）、もう一つがこれら西太平洋諸国との結びつきだと思っている。ＪＩＣＡが実施するアフリカの資金協力事業では、かつてのＯＤＡ事業を通じて日本企業が育ててきたフィリピンの技術者が従事している案件もあり、世界に目を移しても関わりは深い。

国と国の関係は人と人の信頼だ。国民が親日でないと動かない。カンボジアにしても今の政府は中国を向いているが、国民は日本を信頼している。しかし、ぼやぼやしていてはだめだ。アセアンとの絆の中で、留学生、労働者の受け入れはいっそう重要になってくる。

――将来に向けた人材育成の意味とは何か。

武部……世界規模の新型コロナ・パンデミックが起きた。これからのグローバル戦略は、文化力、技術力、情報力と人間力などのソフトパワーを重視すべきだと思う。ソフトパワーは地球の安全保障にも大きな影響力を持っている。こうした考えでアジア諸国の日本に対する信頼につなげたい。日越大学にはコンゴ民主共和国、カメルーン、ナイジェリアなどアフリカからの留学生もいる。日越大学に地球安全保障研究所を創設したらどうか。地球安全保障の考え方はポストコロナの時代にこそ重要になる。

全体主義、軍事政権は民主主義に比べてデシジョンメーキング（意思決定）が早いので気をつけなければならない。そうならないため、多国間による研究所が必要だ。ベトナムに拠点を置いた多国間による地球安全保障研究所の創設は実現したい夢のひとつだ。

本日の北岡理事長との対談は楽しく勇気を得た。時代によって国際貢献や援助政策も変わってくる。どんなやり方をしたらいいのか。「技能実習」の名前が災いし、技能実習制度を廃止すべきという人もいる。しかし、30年の歴史のある技能実習制度の貢献度は大きい。技能実習生の相当数は母国に帰って頑張っており母国の社会経済の発展の原動力になっている。また日本でも活躍している方がたくさんいる。

北岡……日本に来た若者はそれなりに日本に満足している。7割ぐらいは満足している。これから日本に来たい若者もいる。ＪＩＣＡが受け入れる留学生は近い将来の各国のリーダーになりうる人材として評価されている。安倍晋三首相（当時）に相談に行った時、日本の近代化を勉強する留学生を年間１０００人受け入れる計画だと申し上げたら、安倍首相（当時）は年間３０００人ぐらいにできないかとの反応だった。

最近、ＪＩＣA内で今後5年間の留学生受入計画を検討した際、当初案は年間１０００人の受け入れとなっていた。「首相が３０００人と言っているのだから最低１５００人を目指すべきだろう」と言っている。財源の問題から制約はあるが、そこは工夫していきたい。人材育成は効果がある。十分な予算を獲得していきたい。

武部勤×大谷晃大

技能実習の適正な実施と実習生の保護

【略歴】

大谷晃大（おおたに・こうだい）

外国人技能実習機構理事長

1957年兵庫県生まれ。東京大学法学部卒業。84年検事任官。東京地検公判部副部長、同総務部長、同刑事部長、福井地検検事正、京都地検検事正、横浜地検検事正、仙台高検検事長などを経て、2021年1月から現職。

――（司会）最近の外国人技能実習機構の取り組みをどのように受け止めるか。

武部勤（以下武部）……最近の外国人技能実習機構の印象で言えば、２０２０年12月以降、認定や許可の取り消し、改善命令など毎月行政処分が発表されており、大変評価している。２０２１年６月には、ベトナムの送出機関５社への処分も発表された。外国人技能実習機構が積極的に行政処分を行っている理由や背景はどのようなものか。心ない監理団体や受け入れ企業のために、技能実習制度そのものが悪者にされ、真面目に努力しているところが苦労しているので厳正にやってほしいという声が多い。

大谷理事長（以下大谷）……外国人技能実習機構（以下、「機構」）自身に行政処分などを行う権限はない。技能実習計画の認定の取り消しや実習実施者に対する改善命令を行うのは、出入国在留管理庁長官及び厚生労働大臣であり、監理団体の許可の取り消しや監理団体に対する改善命令を行うのは、法務大臣及び厚生労働大臣である。機構は、実地検査などにより、行政処分などを行うことが相当と判断した場合に、その権限者である主務大臣などに、その旨の意見をあげる（進達する）という役割を担っている。

最近、行政処分が多くなったというご指摘であるが、機構としては、最近になって、急に積極的に進達するようになったわけではなく、かねてより、行政処分などが相当と判断した案件については積極的に進達している。

機構としては、技能実習制度の趣旨をねじ曲げ安価な労働力を確保するためにこの制度を利用する実習

対談写真撮影／山本奈月

技能実習生の保護政策について語りあった。

実施者、実習生に対し人権侵害行為を行う実習実施者、このような実習実施者の側に立って適切に監理しない監理団体には、この制度から退場していただくよう、今後とも尽力したい。

なお、先般のベトナムの送出機関に対する措置は行政処分ではない。技能実習生の失踪者を減少させるための方策として、失踪者の発生状況や発生率などを踏まえて、出入国在留管理庁が選定した送出機関について、一定期間、これらの機関からの技能実習生の新規受け入れを停止することになったものである。

――30年にわたる外国人技能実習制度の中で、2017年に外国人技能実習機構が設立された意義は何か。

大谷……外国人技能実習制度の趣旨と目的は、我が国の持つ技能、技術、知識を、これを必要とする外国の人々にオン・ザ・ジョブ・トレーニング（On-the-Job-Training、ＯＪＴ）

により習得してもらい、習得した技能などを活用して母国の経済発展に役立ててもらうという、いわば、国際的な人づくりに寄与することだ。

ところが、この趣旨、目的を逸脱し、安い賃金で使える労働力として、この制度を利用しようとする事業者が現れ、そのため、実習生に対する法令違反行為や人権侵害行為が発生するという弊害が生じた。そこで、技能実習の適正な実施と実習生の保護を図るため、２０１６年に大幅な制度改正が行われ、技能実習計画の認定制度と監理団体の許可制度が導入された。これらの制度を適切に運営していくために、いわば制度管理運用機関として機構が設立された。

武部……制度を適切に運用するためには、実地検査が重要と思われるが、実地検査は、どのような判断や基準で行っているのか。その結果を踏まえ、どのような対応をしているのか。

大谷……実地検査については、監理団体は1年に1回、実習実施者は3年に1回の頻度を目途にして行うこととしている。定期的に行う検査としては、全国13カ所の地方事務所、支所において、この頻度に見合うように年間計画を立て、計画的に実施しているが、この定期検査を基本としつつ、例えば、実習生に対する暴力行為などの人権侵害や悪質重大な法違反に関する申告や公益通報などにより迅速に検査を実施する事情を把握したときには、臨時検査として優先的に実施するようにしている。事案の内容によっては、労働基準監督署や出入国在留管理局と連携して対応することがある。

検査の結果、問題が認められた場合は、改善勧告や改善指導を行い、その是正を図るほか、悪質重大事案で行政処分などを課すのが相当と判断した場合には、主務省に進達している。また、労働関係法令違反を把握した場合には、併せて労働基準監督署へ通報している。

――技能実習計画の認定申請や監理団体の許可申請の審査において、近年、特に留意している点は何か。

大谷……　技能実習計画の認定制度と監理団体の許可制度が、技能実習制度の適正化を図るために導入した大きな二本柱だ。

　認定や許可の基準や欠格事由は法令などに規定され、これらの要件に適合しているか適正にチェックし、入口のところで、制度の趣旨、目的にそぐわない実習実施者や監理団体の参入を防止する。

　計画の認定申請で特に注意しているポイントは、申請した計画どおりに実習を行えるのかどうかということだ。形式的に書類が整っていても、疑義がある場合には、追加で疎明《そめい》を求めるなど厳格に対応している。そうすると申請を取り下げるケースがままある。仮に計画が認定されても、実地検査で計画どおりの実習が行われていないことが判明すれば、計画齟齬《そご》として実習認定を取り消す対象となり得る。

　監理団体の許可申請で、特に注意しているポイントは、適正に監理業務を行える能力を有しているかどうかということだ。そのような観点から、実習実施者の影響を受けない体制か、実習監理の中核である監理責任者の選任は適正か、といった点を重視している。

――コロナ禍で、日本で研修する技能実習生にもさまざまな予期せざる事態が発生したと考えられるが、

どのように対応しているか。

武部……コロナ禍で母国に帰ることもできず、コロナの恐怖と生活不安の中で、路頭に迷う技能実習生が続出した。私たちは弱い立場にある技能実習生を保護するため、厚労省、法務省など関係省庁や関係団体などに要請活動をした。自民党に要請した際、二階俊博・前幹事長から「技能実習生を適切に保護するために、監理団体の全国組織を設立してはどうか」と示唆があり、２０２０年10月に一般財団法人「外国人材共生支援全国協会」（ＮＡＧＯＭｉ）を設立し、本格的に運動をスタートさせた。

コロナの感染拡大の影響は、技能実習制度や特定技能制度に係る課題がいろいろなところに続出した。監理団体も受け入れ企業も実習生の保護のために未曾有の困難と犠牲を余儀なくされ苦労している。現場をよく知っていただいている当局においては、よく努力している監理団体などの理解者であり協力者という責務もあるのではないか。厳しい目と温かいハートの両方を持ってもらいたい。

大谷……新型コロナウイルス感染症の感染拡大の影響により、実習実施者の都合で実習を継続できなくなり、技能実習が中止となった実習生が、かなりの数に上る。そのような実習生が他の実習実施者の元で引き続き実習できるように実習先変更に向けた支援や必要な場合には宿泊支援を行っている。

母国語相談においては、コロナ関連の相談にも対応できるよう、常に最新の動向を踏まえた案内を実施し、実習が終了したものの、帰国できない元実習生についても、実習生の身分は有していないが、幅広く相談に対応している。

そのほか、監理団体、実習実施者に対し、感染防止対策の徹底を図るよう要請するとともに、希望する実習生が円滑にワクチン接種を受けられるよう協力依頼を行うなどしている。

――技能実習制度への批判もあるが、どう考えるか。

武部…… 技能実習制度には改善すべき点が多々あるが、30年の歴史の中で果たしてきた貢献は非常に大きいと考える。200万人を超えるアジアの若者たちが、帰国後の母国での就労において、日本で学んだ労働倫理、日本語、技能と知識を生かして母国の経済発展に貢献している。起業する元実習生も多数おり、技能実習制度はアジア諸国の「人づくり」の場として、日本とアジアの共存共栄を支えている。

一方、技能実習制度は負の側面ばかりが大きく取り上げられ、これがベトナムなどの送出国に現地語で翻訳され、SNSなどで瞬《また》く間に広がり、日本を目指す技能実習生に悪影響を与えているのも事実だ。全国には技能実習に関する好事例がさまざまある。我々も努力するが、外国人技能実習機構も、もっとたくさんの好事例をホームページなどで公表してはどうか。

大谷…… 全国的には、制度の趣旨、目的によくかなった、他の実習実施者においても是非参考にしてほしい取り組み例は少なからず存在する。このような事例は、ローカル紙などでは、しばしば取り上げられるが、報道全体としては、どちらかというと問題のあった事例のほうにウエイトが置かれる傾向があるように感じる。

現在、好事例の一部について、ホームページで紹介しているが、実習実施者に対する啓蒙的な意味合いや、社会一般に対する制度運営の正確な情報発信という意味からも好事例の紹介は重要と思う。その周知や公表のあり方については、今後とも十分検討したい。

ＮＡＧＯＭｉにおかれても、さまざまな機会をとらえて、会員である監理団体や実習実施者はもとより、さらに一層広く社会一般に好事例を紹介していただければ有り難い。

――送り出し側との関係についてどう考えるか。

武部…… 技能実習制度は送出国や送出機関との関係が非常に重要だと思う。外国人技能実習機構は海外との関係強化について、どのように考えているのか教えてほしい。

大谷…… 現在の制度では、送出国の政府が認定した送出機関からのみ実習生を受け入れる仕組みであり、送出国の政府と協力して不適正な送出機関の排除を目指している。機構において、送出機関による不適切な行為に関する情報を入手すれば、その送出国の政府に通報して、調査、報告を求める。送出国の政府において問題があると判断すれば、適宜の措置が執られる仕組みだ。

したがって、この制度の円滑、適正な運用にとって、送出国との関係強化は、極めて重要な問題だと認識している。

機構としては、実地検査などにおいて送出機関による不適切な行為に関する情報を入手するように努めるとともに、送出国の政府機関、例えば、送出国の在京大使館などに出向き、定期的に意見交換や情報収集を行って、関係強化を図っている。

武部……外国人技能実習機構には様々な役割が期待されている。NAGOMiは、特定技能制度創設の際に付帯決議として採択された見直し規定に基づいて提言をまとめた。外国人技能実習機構が法令に従って責務を遂行していることはよく理解しているが、現在強化している、または今後強化していきたい役割は何か、改めてお聞きしたい。

大谷……機構の役割は、我が国の善意を信じて、遠く異国の地にやってきた外国の若者が安心して実習できる環境を守ることだ。その観点からは、この制度の趣旨や目的を損なうような監理団体や実習実施者が制度に参入しないようにすること、参入した後はルールに従った運用を行うよう指導すること、これが功を奏しない時にはこの制度から退場させること、現に人権侵害などの被害にあっている実習生を保護、支援することが重要な役割と認識している。

この役割は機構の設立当初から変わらないが、設立してまだ4年足らずであり、期待される役割を果たすべく実績を積み重ねている段階だ。この役割を適切に果たすために、実地検査のさらなる充実など関連する業務をブラッシュアップしていきたい。一人でも多くの実習生に技能などを身につけてもらい、その技能などを母国で生かしてもらいたい。願わくは、日本に来て良かったと思ってもらえるよう、日本という国を好きになって帰ってもらえるよう尽力したい。

——外国人技能実習機構として、監理団体や実習実施者に望むことは何か。

大谷……　監理団体にしろ、実習実施者にしろ、技能実習制度に関わる関係者は、すべからく、この制度の趣旨や目的を十分理解し、その趣旨と目的にかなった運用を実践してもらいたい。

実習実施者においては、仮に労働力の確保というメリットがあったとしても、それは反射的、副次的な効果と考えてもらいたい。

制度の主眼は、あくまでもＯＪＴによる技能などの伝達であるということを理解し、かつ、実習生に対して労働者としての権利利益を十分守るという覚悟が必要だ。それができないのなら、この制度に参加する資格はない。

人手不足の中、ＯＪＴによる労働とはいえ、仕事をしてくれる人が来てくれる。そこには感謝の気持ちがなければならない。その気持ちがあれば、実習生に対する不当な扱いなどできようはずもない。

監理団体においては、この制度の適正な実施と実習生の保護について、自分たちが重要な役割を担っているということを自覚し、実習監理の責任を適切に果たしてもらいたい。間違っても、実習実施者の利益を優先し、実習生の保護をないがしろにするようなことがあってはならない。そのような監理団体には、この制度からお引き取り願いたい。

実習実施者として直接、この制度に関わっていなくても、それなりの企業においては、子会社、関連会社はもとより、取引先、さらにはサプライチェーンの末端にある零細企業などにおいても、実習生を含む外国人労働者に対して不当な扱いがされていないか常に注意し、そのようなことがあれば、これが是正されるよう尽力していただきたい。

外国人労働者が働きやすい環境を作っていくということは、ＳＤＧｓ（エスディージーズ）の達成という観点からも、今後ますます重要な課題になる。

――外国人技能実習機構が民間のＮＡＧＯＭｉと提携して取り組めることは何か。

武部……ＮＡＧＯＭｉでは不正行為撲滅キャンペーンを行っている。不正行為撲滅キャンペーンのポスターを日本語、英語、ベトナム語、インドネシア語で作成し、外国人技能実習機構をはじめ、国内の関係する官公庁、団体へ配布している。国内はもとより、ベトナム労働者派遣協会（ＶＡＭＡＳ）とも提携して不正行為撲滅キャンペーンを展開しようと話が進んでいる。不正行為撲滅キャンペーンはＮＡＧＯＭｉが機構とも協力して進められる活動だ。民間として実習生に対する人権侵害や失踪問題にどう対応したらいいのか考えを聞かせてほしい。

大谷……ご案内のキャンペーンについては、そのリーフレットを拝見した。技能実習法などが監理団体や実習実施者に求めていることが分かりやすく記載されており、すべての監理団体、実習実施者に是非とも順守してもらいたい。

機構としても、実習生が安心、安全に実習できる環境を守ることはとりわけ重要であり、実習生に対する人権侵害行為に対しては最大限優先して取り組む問題と認識している。今後とも、重大な人権侵害行為に対しては、労基、入管、警察などの関係機関とも連携を図り厳正に対応していきたい。

不正行為撲滅の実効性を高めるためには、外からの監督や規制だけではなく、不正行為の主体となり得る監理団体、実習実施者自身による自主的、自発的な法順守の取り組みが極めて重要である。

これまで、監理団体や実習実施者のサイドから、そのような取り組みを組織的、横断的に行う仕組みはなかった。その意味では、このキャンペーンは斬新な取り組みであり、その趣旨が関係者の間に浸透し、これに従った運用が着実に行われることを期待したい。

武部……　技能実習のトラブルは多くは日本語の問題に起因する。NAGOMiでは、入国時にN5相当の日本語能力要件の新設を提言している。入国前講習や入国後講習の内容や機関を拡充し、継続的な日本語学習の実施義務も提言している。入国前に日本語をきちんと習得させるなど送出国や送出機関の役割が大きいと思うが、どう考えるか。

技能実習制度の趣旨や目的はOJTの精神によると話されたことは全く同感である。同時に技能実習の英語読みは、テクニカル・インターン・トレーニング（Technical Intern Training）ではないか。インターンという意味は、今後の技能実習制度と特定技能制度を整合性のとれた一貫性のあるものにすべく提言している我々にとっては関心のあるところだ。機構の存在意義は非常に重要になると考える。機構の新しい体制に向けた強化が重要だと思う。

大谷……　実習を適切に行うためにも、他者との円滑なコミュニケーションはとりわけ重要だ。コミュニケーションが十分に取れなかったが故のトラブル事例も少なくない。日本語を習得させる役割は、入国前には送出機関が、入国後は監理団体が担うこととなる。両者で取り組むべき問題と思われる。監理団体は、実習生に対し、日本語の習得に関するものも含めた入国後講習を行うこととされているが、この講習を行っていなかったという理由で、許可を取り消された例もある。今後とも、監理団体において入国後講習が適切に行われているか十分にチェックし、問題のある監理団体に対しては指導を徹底していきたい。

――技能実習生の増加で、外国人技能実習機構の体制は十分なのか。

武部……外国人技能実習機構が設立された２０１７年に実習生は約27万人ほどだったが、現在は約38万人と10万人以上増えており、その業務量は著しく増大しているのではないか。期待される役割を十分に果たすためには、機構の体制強化が是非とも必要だと思う。同時に、民間との協力も必要だと思うが、どう考えるか。

大谷……現在の機構の体制は、２０１９年度にほぼできたものであるが、機構の設立当時と比較して、実習生の数も、監理団体の数も、実習実施者の数も相当増加した。そのため、制度の適正化を図るための重要なツールである実地検査に係る業務量が増加している。また、実習生の母国語相談件数も年々大幅に増加しており、これに伴い、その支援、保護に関する業務も増加している。

特に実習生に対する法違反や人権侵害が疑われる案件では、その事実関係の認定、行政処分が相当か否かの判断のための資料収集が必要であり、その業務負担は通常の定期的な実地検査に比べて著しく大きい。言い換えれば、より実効性ある実地検査を行おうとすればするほど、業務量が増大するという関係だ。その他、19年度までにはなかった、監理団体の許可期間の更新申請に関する審査など新たな業務も加わった。

そこで、機構としては、職員のスキルの向上、業務の合理化と簡素化、関係機関との一層の連携強化などの方策により、限られたマンパワーを最大限生かし、可能な限りこれまでの業務の質と量を落とさないように努力しているところだ。

制度の適正な運営に関する取り組みをさらに充実させるためには、体制強化は極めて重要な課題であり、そのための一つの方策として、民間との協力ということをご提案されていると推察するが、機構の業務のうち、実地検査に関するものについては、民間との連携は、なかなか想定しにくい。一方、実習生に対する援助、支援に関するものについては、現在、地方自治体や国際交流協会等の公益団体との関係強化に努めているところだ。

民間には、迅速に行動ができ、当事者のニーズを的確につかみ、きめ細やかな対応ができるという利点があるが、客観性、中立性確保の観点から、協力関係の在り方については慎重な検討が必要だ。

いずれの業務についても、制度運用に有益な情報などを提供していただき、これを機構の業務に生かす、一方、こちらから発信した情報などを有効に活用していただくということが考えられる。その中で、ＮＡＧＯＭｉの活動については、技能実習制度が健全に運営される一助になるか今後とも注視していきたい。

武部勤×片山さつき

技能実習と特定技能の一元化が課題

【略歴】

片山さつき（かたやま・さつき）

参議院議員、自民党外国人労働者等特別委員会委員長

1959年埼玉県生まれ。東京大学法学部卒業。大蔵省（現・財務省）入省後、主計局主計官など歴任。2005年の衆院選にて静岡7区で初当選、10年、16年の参院選比例区で連続当選。内閣府特命担当大臣（地方創生・規制改革・男女共同参画）など経て自民党総務会長代理などを歴任。

――（司会）一般財団法人外国人材共生支援全国協会発足と自民党外国人労働者等特別委員会委員長を務める片山参院議員の関わりを教えてください。

武部勤（以下武部）……２０２０年１月、ベトナム中部のダナン市に日越友好議員連盟会長の二階俊博・前自民党幹事長が訪問した際、現ベトナム政権のグエン・スアン・フック国家主席（前首相）、ファム・ミン・チン首相（前ベトナム共産党組織委員長、前越日友好議員連盟会長）、ヴオン・ディン・フエ国会議長（元副首相、前ハノイ党委書記）の３人が揃って迎えてくれましたね。

二階前幹事長はフック首相を前に技能実習生等の受け入れで問題視されていた不正行為に対し、「ならず者は許さんぞ」と言って一同を驚かせた。自民党外国人労働者等特別委員会委員長の片山参院議員は講演し、その中で「良貨が悪貨を追放する」と発言した。この言葉が印象的だった。ダナンにおけるお二人の発言は、ベトナムの送出機関、日本の監理団体、企業のうち、悪質な業者を排除すると宣言したわけです。

まさにダナンでの二階前幹事長や片山議員の言動が一般財団法人外国人材共生支援全国協会（ＮＡＧＯＭｉ）を設立するきっかけにもなった。我々は外国人材を迎え入れ、育成、保護し、健全な就労システムをどのようにつくっていくかなどを検討し提言している。また「不正撲滅キャンペーン」を実行している。

片山参院議員（以下片山）……私が閣僚だった時の臨時国会で特定技能制度導入の入管法改正が行われた。特議論はかなり紛糾した。私は地方創生大臣だったが、私のところにも質問の弾が飛んできた程だった。

対談写真撮影／山本奈月

定技能制度は特に人手不足の14業種において合計約32万人足りないから何とかしなければいけないと急いで作った制度だ。それがうまくいくのかどうかについては、当時から議論があった。案の定、コロナ禍になったけど、この制度では当初の見込みと比べてなかなか外国人材が入ってこない状況が続いているわけです。

世界中を見回して、外国から来る方々もウィンウィン、われわれ日本もウィンウィンになるような制度を作ろうとしたけれど、制度は作りさえすればいいというわけではない。特定技能制度は転換点を示しただけで、やるべきことは、まだまだ無限大にあるということです。

日越間においても、制度の矛盾と一部の悪徳業者などで本当のベトナムファンが傷ついてきたわけです。ベトナムは中国、韓国を抜いて、日本の外国人労働者数としては実質第1位。私は日越友好議員連盟の副会長を務めているが、今は二階会長、その前が武部先生、さらにその前が故渡辺美智雄先生ですが、それに恥じないことをしなければいけないと思っている。

しかし、2021年6月に外国人技能実習機構がベトナムの送出機関5社から新規受け入れを不可とするなど一部業務を停止する措置をとった。5社の失踪率が高いことが表向きの理由だが、送出機関が日本の監理団体や受け入れ企業と癒着をして技能実習生からお金を取っていたのではないか。それも技能実習生が働いても返すのに困るような額を取っていたのではないか。

そうすると、実習生は副業の副業をするようになる。最初の在留の目的とは違うし、結果的には実習でこつこつ返済することに我慢できず、SNSで甘い誘いに乗って失踪や不法就労になってしまった。論理

片山議員の初当選（2005年）時に、自民党幹事長だった著者。

的に無理なことをしているわけです。

それで今回は、外国人の労働力が欲しい「本音」と技術移転や国際貢献という「建前」のギャップを解消して、制度の適正化や悪貨の撲滅を図りましょうということになった。日越両国のトップがそう考えた。しかし、これを実行するには生みの苦しみを伴うわけです。特定技能制度ができた今でも、最初に日本に来るきっかけは技能実習なのですから。

もう一つの日本に来るきっかけは留学なのですが、これもコロナ禍で「本音」と「建前」がぶつかっているわけです。日本語と日本語学校の関係、特にコロナで留学生が日本に来日できなくなり、日本語学校の経営が全く成り立っていないという現状の中で、問題点が顕在化して「本音」と「建前」がぶつかっている。

そこで技能実習制度において悪貨を追放し良貨をつくってほしいと希望していたら、武部会長によってＮＡＧＯＭｉが設立されたわけです。すばらしいメンバーが揃っている。この役員を務めることは社会的にプレステージだ。そうなっていかなければ、外国人材の問題に将来的に対応していけません。

国内での経営の苦しさを、外国人労働者の安価な労働に押しつける時代はもう終わりだ。その考えは日本人の中から消滅させなければならない。海外からは適正な待遇、適正な賃金で来てもらう。そのうえで日本のファンになって帰ってもらう。初めの頃にあった技術移転や国際貢献の「建前」がどこかで安価な労働力にすり替わり、「本音」と「建前」の二重構造がもう20年以上続いているのです。これを一本化改革しようという。民の側でＮＡＧＯＭｉがその役割を期待されているわけです。

――自民党外国人労働者等特別委員会ではどういう議論がされたのか。

武部……自民党外国人労働者等特別委員会の総括で、委員長の片山議員は「外国人材への対応には、フィロソフィー（哲学）が必要だ。日本に来るのは『人間』だからです」と述べている。コロナ前の２０２0年2月私は委員会に呼ばれ「グローバル人材共生の青写真」と題し、意見発表させていただいた。その際、法体系の違う技能実習制度と特定技能制度をどのように連結すべきか、制度の目的、理念などについて整合性のとれたものにするためにどうすべきか、について質疑が交わされた。その後、コロナ禍のため行き場所を失って路頭に迷う実習生等を救済するために片山議員に要請することとなり、特定活動などの緊急対策や不正行為や人権問題から外国人材を保護するために片山議員の委員会は自民党の中での存在感を増していると思う。我々も度々呼ばれて現場の声を聞いていただいた。

片山……　まずはコロナ禍における外国人への支援をどうするかということです。ＮＡＧＯＭｉのような民間支援団体から実態を聴取するなどして、政府は外国人が置かれている状況を十分に把握し、日本で生活する外国人の実情やニーズに沿った各種支援策を実施することが大切だ。政府は外国人の感染拡大防止に向けた生活習慣指導を含めた啓発を強化するための情報発信を充実させ、外国人の住所などを確実に把握し、ワクチン接種案内が届くように速やかな措置を講ずるように要望している。

次に、円滑かつ適正な外国人材の受け入れ及び共生社会の実現のための環境整備です。出入国在留管理庁は、関係行政機関と連携し、ＭＯＣ作成国（「特定技能」に関する二国間取り決め）との協議を進め、情報の共有、試験の実施を実現し、国内外の特定技能に係る試験の受験料の負担軽減を検討するように提言している。

また、コンビニエンスストア、スーパーマーケット、運輸、産業廃棄物処理について、コロナの影響などを踏まえた労働需給や人手不足の状況などを把握し、特定技能への参入、技能実習制度の対象職種への追加を含め、検討を深めることを要望している。そして、検討が進むまでの間、在留資格「特定活動」のさらなる活用などについても議論を進めるように求めている。

――技能実習制度をどう考えるか。

武部……　技能実習制度は30年続いている。最初はバブルの時だったから人手不足対策だった。バブルが弾けて労働力需給の事情も変わって外国人を入れることに抵抗感が出てきた。そこで技術移転、国際貢献の名のもとに、せっかくここまで議論してきたのだからということで技能実習制度が法制化されることになった。今や多くの技能実習生OBが母国に帰って活躍している。インドネシアでは７０００社ぐらいの社長を輩出し、ベトナムでも１００社ぐらいの社長が誕生している。日本語や日本の会社経営のノウハウを習得した技能実習生の活躍でインドネシアにおいてもベトナムにおいても経済成長の原動力として貢献した。コロナ禍の中でもベトナムの２０２０年実質ＧＤＰ成長率は２・９％だった。

一方、日本ではどうか。私の地元、北海道ではホタテや鮭など水産物がとれても水産加工は人手不足で技能実習生の存在感は大きい。農業も人手不足でアスパラなどやめざるを得なかったがベトナム人実習生が来るようになって、小清水農協が５ヘクタールのアスパラ畑を再開したそうだ。実習生が来るようになって地域の農業の中身まで変わってきている。今後は、指摘された「本音」と「建前」の問題を、実態にあった制度に改革することが大事だ。

我々は特定技能制度も重要だと思っている。しかし、コロナの影響で帰るに帰れない技能実習生が特定活動の枠で残ることになった。さらに特定技能は３万人超になっているが、その85％は技能実習卒業生からの移行組で、しかも現場の声を聞くと、本来の特定技能労働者として来た人よりも３年間の技能実習で日本語も上達し、日本の生活、習慣、文化にも慣れている実習生からの移行組のほうが仕事の覚えが早いし、チームワークが抜群にいいという評価だ。だからこそ、技能実習と特定技能の整合性のとれた一貫性ある制度にすべきと我々は主張しているわけです。

片山…… 実際、技能実習生からの移行がそもそも大半を占めている。外国人が日本に行くという決断をする場合、日本語は特殊語学で難しいだけに大きな決心がいるわけです。すでに日本に3年滞在している技能実習生は、日本のことをよく知っているわけだから、今回はコロナが要因の特定活動でそうなったように、職種間の渡りがあってもいいいと思う。

――入国前の課題は何か。

武部…… 借金とか、書類偽造とか、いろいろな問題がある。日本に来る若者は、日本が好きで日本で働きたいという若者もいれば、まさに出稼ぎ感覚で日本に来てすぐにお金にしたいという若者もいる。早く日本に行ってお金を稼ぎたいと思っている人は、日本語の習得なんか二の次だ。しかし悪質なブローカーに手引きされて日本に来ても言葉もろくに分からないからトラブルを起こし、失踪の原因にもなる。入国前にN5ぐらいの日本語能力は義務化してもらいたい。入国前の研修をしっかりすることが大切だ。

片山…… 一にも二にも日本語です。私たちの委員会の提言には、日本語教育の推進として、日本語教育の普及を目指す民間の取り組みを支援し、今後我が国で就労することを希望する人材の担い手を幅広く継続的に育成し、日本語教育機関の類型化などについて検討を進め、地域における外国人の受け入れ環境整備を推進することを明記している。

一方で、日本語教育機関の学生に対する入国制限の早期緩和に向けた検討を進め、入国制限が早期に緩和されない場合は、在留資格認定証明書の有効期限のさらなる延長を行うことを求めている。

実は私は現在、外国人労働者等特別委員会のほかに3つの委員会の長をやっている。その一つがデジタル人材の育成です。デジタル人材というとインドと言われている。それで2021年1月の委員会にサンジェイ・クマール・ヴァルマ駐日インド特命全権大使に来て話してもらった。米国が2015年からデジタル人材などの国内育成を始めたので、インド人が米国に入りにくくなって、優秀なインド工科大学の学生の目が日本に向いてきていると言うのです。

今でも日本にインド人が4万人ぐらいいて、しかも技能実習ではなく、高学歴でハイスペックな就業人材が大半です。在日インド大使館として何が困ったかというと「英語でインド人を教育する学校がない」とわんわん苦情がきたと言うのです。次は「英語の喋れる医者はいないのか」との問い合わせです。職場は英語で話せばいいが、家族が不安だからそういう苦情や問い合わせが来るわけです。

ベトナムから技術・人文知識・国際業務の在留資格で来ている人材が、東京の大手町などで働いている。その人たちも含めてベトナム語と日本語の通訳が不足している。ベトナム語もかなり特殊な言語だし、日本語もそうだからなおさらだ。

N5どころか、日本人の優秀な先生が教える日本語の学校を増やすべきだ。大学も協力して日本語を教える環境を整えることだ。そこに力を入れることが大切です。われわれは予算をつけろ、日本語の学校を増やせ、と言い続けている。

武部……日本に来てからの勉強も大事だが、入国前に日本語N5や日本の生活、習慣、文化の習得を義務化し、より良い外国人材を育成確保することが大事。同時に長期間の入国前研修を求めるからには、日本語教師の派遣とか入国前研修費用の一部負担や奨学資金など日本として果たす義務も負うべきと思う。JICAで日本語の先生を派遣したりしてはどうか。今や日本は外国人材に選ばれる国かどうかという認識に立たなければならない。これからは人材確保の国際競争力が問われる時代になっていくと思う。

――地域公共団体や地域社会はどう取り組めばいいのか。

片山……2021年に6月に全閣僚参加のもとで外国人受け入れの総合対策が協議された。私も地方創生大臣の時に地方創生推進交付金の中に協力枠をつくったわけです。法務省は法務省の補助金を10億円ぐらい拠出したが、地方ではコミュニケーションが大事だということで、まずは語学です。それに地域の自治会、町内会に入ってもらわなくてはならないわけです。とにかく外国人受け入れにはコミュニケーションが大事になってくる。

それと外国人在留支援センター（フレスク、FRESC：Foreign Residents Support Center）との連携が重要です。フレスクは県庁所在地にしかないが、自治体との連携は不可欠だから活用してもらわなければならない。

われわれの委員会では2021年春、鈴木英敬《えいけい》・前三重県知事と末松則子・鈴鹿市長の話を聞いた。コロナという異常事態が起きたことで外国人集中地域ならではのコミュニケーション不足が生じて問題化したからです。ワクチン接種票を送る時、住民票か在留カードを居住地に出すわけだが、推定で半分ぐらいの外国人が最初の在留カードの場所にいないことが分かった。それでも昔の制度よりは少しはましになっていると言われている。出したカードが戻ってきたら、きちんとした居住地を探そうと入管庁が動くことにしてくれたので、どこに居るかの目処はつきそうだ。

２００８、２００９年のリーマンショックで30万円渡してブラジルに帰国してもらったときよりはましだが、まだまだ改善点はある。良き前例ができれば「地域とつながったほうが便利だ」と外国人も思うわけです。外国人同士のフェイスブックばかり見ていても、そこには保健所や市役所の情報はないわけですから。

こういう考えを踏まえ、委員会の提言では、デジタルトランスフォーメーションの推進として、在留諸申請などの行政手続におけるオンライン化を推進し、共生社会実現のための情報発信やマイナンバーカードと在留カードの一体化について検討を進めて利便性の向上を図るとともに、業務継続性を確保するための環境整備などを強化すること、在留状況や就労状況などの必要な情報を一元的に把握できる仕組みの構築を検討することを掲げている。

今度のコロナ危機はピンチをチャンスにできる機会だと思う。つまり、海外からまともに日本に向かい合おうと来た人々にとっては、地域社会との共生が重要であるということがきちんと分かるわけですから。公務員よりも重要な自治会長が地域には存在するということが分かるわけです。今まで分からなかったけど今度のコロナで分かったでしょう。では、「ゴミ出しもきちんとしませんか」と。そういうことをこの機会にやりたいし、提言には書いてあるが、何せやることが多すぎて。

武部……　自民党外国人労働者等特別委員会の取りまとめで各都道府県にグローバル人材共生会議の設置を提言してくれた。これは重要だ。地方創生大臣を経験して分かると思うが、コロナ対策も、中央官庁だけではできません。やはり各都道府県単位で、政府出先機関、受け入れ監理団体、受け入れ機関、商工会議所、農・漁協、地方自治体、警察等々、ステークホルダーが同じテーブルについて情報を共有し、事務局は多様な問題に対する窓口としてワンストップサービスで相談助言できる体制を整備すべきと思う。沖縄と北海道とでは地域の事情が全く違いますしね。

片山……　そうですね。私たちの委員会でも、共生社会実現のための受け入れ環境整備として、外国人を孤立させることなく社会の構成員として受け入れる共生社会を実現するため中長期的な行動計画を策定すること、地方公共団体からの要望などを踏まえ外国人受け入れ環境整備交付金の対象範囲の見直しなどを進めること、地方創生臨時交付金により新型コロナウイルスに伴う外国人技能実習生などの受け入れにかかる掛かり増し経費支援を行うことが可能である旨の周知・広報を行うことなどを提言しています。

とはいっても、まだまだこの国の役所は縦割りで、外国人受け入れの担当が厚労省から法務省に移管したと思っているわけですよ。実際そういう面もあり、初代の入管庁の面々は何でも自分たちでやろうと頑張ってしまっているが、仮に入管庁の人員を倍にしても、他省庁や地方自治体と連携しないと無理です。

地方公共団体に窓口を設置してフレスクにおける効果的な連携をするようになったから少しは進歩した。そういうところにＮＡＧＯＭｉの皆さんを入れてコーディネイター役をつくって、地方ごとに「地方受け入れプラットフォーム」みたいなものをつくってもいいと思う。

霞が関で各省庁合体と言うと抵抗があるから、地域連合枠のようなものをつくる。地域連合枠に知事をいれてみんなで責任をとる。責任をとる人がいれば、役人は納得します。

――職種の改善はどうすべきか。

武部……農業は6次産業なわけです。北海道では道庁に窓口をつくり、対応した。技能実習制度の職種は2021年1月8日現在、85職種156作業が技能実習2号移行可能職種となっており、あまりに細分化されている。前職要件は廃止すればいい。職種は多すぎ、大括りにすべきですね。またキャリアステージに合わせて在留資格を付与して仕事も生活も教育も福祉も共に活躍できるグローバル人材共生社会の実現に向け環境整備を急ぐべきと考えている。

片山……特定技能も技能実習も見直しを2021年にやるはずだったが、コロナで異常事態になった。われわれの委員会では、1年延ばすことを前提に、まず目の前に降りかかっている火の粉を振り払って解決することをやってきた。

特定技能の職種を増やすことにもチャレンジした。どこかと言えば、提言でも触れているが、コンビニエンスストア、大型運輸、産業廃棄物だ。そのうち後者の2つは技能実習から始めようかと検討を始めている。産業廃棄物なら区分するという作業があるわけです。それは帰国しても役に立つ。運輸においてはロジステックスです。それも現地で役に立つ。

ただ、大型車の運転について彼らは悩んでいる。そのうちにそれも必要になるだろう。外食では、惣菜までは外国人技能実習生がいる。コンビニエンスストアの夜間のマネージャーの有効求人倍率は今のコロナ禍でも依然として高い。不況になっても日本人はもうやりたがらない職種があると分かった。例えば北海道の水産、農業、酪農でローテーションして1年で回すとか。そういうパターンも考えた方がいい。

武部……水産、農業は食に関連がある、だから職種も大きな括りにすべきだ。技術のイノベーションもあればシステムのイノベーションもある。創意工夫やチームワークは日本のお家芸と言われるほど日本の特色だ。

片山……そうでなければ、今回のような大きな経済ショックがあった時に失業を吸収できない。この制度はきちんと資格要件を満たしていれば失業することなく、仕事があることになっている。しかし、今回のコロナ禍ではそうでないケースがあちこちに発生した。罰則があるかというと、何かには引っかかるかもしれないがストレートにはない。失業者が出ない前提なのに、実際には出たわけです。これを改善しないと国内で理解されないと思う。「失業者にならない」の前提で日本語学校にきているはずなのに。日本語学校の留学生の一部は明らかにおかしいですね。技能実習も9割方はいいが、残りの中には犯罪組織に手を染めるような人間もいます。杉田和博・官房副長官（※）が警察の出身で、積極的に取り締まりをするようになって、少しは引き締まりましたが。もっと根本的な対応として、待遇をあげるから、いい人たちに日本に来てもらえるようにできませんかね。

※2021年10月、岸田内閣発足の際に退任。

――特定技能の運用はどうすればいいのか。

武部……グローバル共生社会においてはいずれの制度改革も相手国や送出機関の立場に立って相互理解、相互交流が大原則だ。国によってそれぞれ文化が違う。送出国、送出機関、技能実習生候補に対し直接、指導・助言・サポートすることが必要になっていくと思う。特定技能制度は歴史が浅いから、今の登録支援機関には問題が起きると思う。特定技能の登録支援機関も許可制にすべきでしょう。技能実習の監理団体のように、特定技能についても民間が自ら監視するシステムがいる。あと優良な監理団体にはインセンティブを与えてほしい。

片山……特定技能の登録支援機関で、ビジネスとして自立しているところは少ない。あの利益幅ではビジネスとしては成立しませんから。私は行政書士会の組織内候補ですが、ある行政書士が「あのビジネスで食べられると思っていないので、支援するだけです」と言っていた。一時は「特定支援機関にも行政書士を置いてください」と言っていたが、置けるほどの利益が出ている特定支援機関は少ないでしょう。それ自体単独ビジネスではやっていけないし、(特定技能が)32万人くると思っていたら、2万人超しか来ていないわけだから。そもそも2万人でマーケットは成り立たない。

次の改革では、技能実習制度と特定技能制度を一気通貫したうえで、日本語学校も何とかしなくてはいけない。日本語学校に対しては日本政府も政治の側も長年対応がひどかった。何十年も、ほったらかしにして、学校にするのかしないのかと。日本語学校は小さいマーケットだからと、問題を先送りにしておいたらこうなったのでしょう。フランスではフランス語を教える人の地位は高いですけどね。天下の日本語を教える人は、こんなに地位が低いのか、と落胆します。

われわれのところに来る日本語学校の6団体は、この環境下で生き残っているところばかりだ。他のかなりの数の日本語学校は閉めている。今後生き残るには資本が必要になる。だから、NAGOMiみたいなところと合併して大きな組織になるという選択もあると思う。委員会の提言では、日本語学校を3つに分けようとしていて、「語学研修」と「就労手伝い」という分離、後者は「就労の手伝い」であって、上への修学は目指さないということにしている。

こうした日本語教育への中途半端な対応では駄目ですよ。これからのIT、デジタル時代にきちんとした日本語教育でなければ無理だと思う。日本語能力試験のN5ぐらいで良しとしてやめてしまうということでしょう。それぐらいの教育では大した授業料もとれないです。もっとレベルの高いところまで、包括的に教えるものをつくったらどうですかね。

――デジタル人材についてどう考えるか。

武部……デジタル化などは日本のリーダーシップでアジアスタンダードをつくっていくべきと思う。アセアンのほとんどの国は日本への信頼感が大きい。片山議員にリーダーシップをとってもらいたい。

片山……　デジタル化対策とともに、国際金融センターの実現に向けた高度金融人材の受け入れの推進に力を入れている。具体的には、高度人材ポイント制の下、在留資格上の優遇制度の拡充について、制度の周知、広報を含め速やかに実施するよう進言している。

かみ砕いて言うと、金融人材の推進は条件付けでやって、そこに技術流失に対する経済安全保障的なチェックを入れたわけです。香港は（中国が支配を強めて）こうなったが、数年前まで香港がここまで悪くなるとは誰も思っていなかった。香港では新聞社は潰され、選挙権すらも危うくなる。すると、自由を求めて香港から一定割合の人が出て行く。「これは事実上の政治難民だ。日本は万人単位で受け入れる」と初めて言ったと同等のことです。

この人たちは年収、学歴も高く、ハイスペックです。そういう人を受け入れるのはポイント制をどうするか、向こうの国は相続税がないので、その辺も初めて直さなければいけなかった。実際に福岡県には、2つの会社が香港から移ってきた。日本をもう一度、アジアの金融センターにするために金融庁も必死でやっています。

デジタル人材になるとまずはインドが対象です。経済安全保障上、中国に国家情報法がある限り、中国からは人材は採れないし、採るべきでない。そこで次にベトナムがくる。明治のお雇い外国人は5年で帰国したそうだ。5年のうちに日本人は優れたところを学んで習得したらしい。今の時代なら5年もかからない。米国ではオバマ政権が2015年にデジタルトランスフォーメーション（DX）国内人材育成を言い出した。それで米国は3、4年で米国の田舎の大学のDXのレベルがあがったという。それでインド工科大学の新卒の人間はそれ程いらなくなった。アメリカ人より日本人のほうが高校3年の数学のレベルは高いので、できないことはないけれど、今まではそういうことをやる気が全然なかった。北海道はDX人材プラットフォームに向いていると思う。理系の学校も多いので。そのためには学士だけでなく修士までとってもらってDX人材育成をやってみてはどうか。ベトナムの日越大学でも是非ともデジタル教育を充実させてほしい。

武部…… コロナ後の日本は、グローバル人材、デジタル人材を迎え入れるために、真に開かれた共生社会を目指していかなければならないと思う。英語は国際語として定着しているし、アジアにおいては、中国語圏が広がっているように思う。言語は文化そのものだから、アセアン諸国に日本語が分かる親日家を増やしていきたい。日越大学は日越両国の戦略的プロジェクトとしてスタートした。グローバル人材、デジタル人材育成の重要な拠点になるようにしたいものだ。

武部勤×レロンソン

技能実習は「日本学」のインターシップ

【略歴】

レロンソン（LE LONG SON）

ESUHAI（エスハイ）代表取締役

1970年ベトナム・ハノイ市生まれ。ホーチミン工科大学卒業後、東京農工大学大学院に留学し修士課程修了。2006年にESUHAI（エスハイ）代表取締役、KAIZEN吉田スクール校長に就任。20年10月、ベトナム海外労働者派遣協会（VAMAS）副会長に就任。

――（司会）武部会長がレロンソン社長と知り合うきっかけは何だったのか。

武部勤（以下武部）……私はベトナムのハノイ市の日越大学の開校（２０１６年）に向けて日越両政府に協力を求めるなどして関わってきた。その過程で、２０１２年頃、レコフグループ代表（当時）の吉田允昭氏から技能実習生の派遣事業を営むベトナム人のレロンソン社長を紹介され、日本、ベトナム、アジアの若者の人材育成の可能性や課題について意見交換してきた。

レロンソン社長が２０１８年11月22日の衆院法務委員会で外国人労働者の受け入れを拡大する入管難民法などの改正案に関する参考人質疑に出席し、優秀な人材を送り出すことがベトナムの発展につながると実習制度の意義を強調したのは印象的だった。

レロンソン社長のアドバイスも参考にしながら、我々は２０２０年10月に一般財団法人「外国人材共生支援全国協会」を設立しました。ところで、レロンソン社長はなぜ、人材送り出しに関わったのか。その経緯や注力してきたことは何なのか。

レロンソン社長（以下レロンソン）……まず私にとっては、１９９５年に来日し25年以上にわたりさまざまなことを学べたことは人生にとってとても良かった。それで、ベトナムの若者たちもたくさん日本に行って私と同様に学んでもらえれば、必ず彼らの人生は良くなる。さらにいい仕事ができるようになる。彼ら一人一人が自分の仕事と人生を発展させていくことで、結果的にベトナムも発展していく。そういう思いで今の仕事を始めて、15年以上携わってきています。

対談写真撮影／山本奈月

しかし、1995年当時、ベトナムから日本へ若者の渡航は留学生ぐらいしか考えられなかった。留学仲間も数人しかいなかった。私はホーチミン工科大学卒業後に来日して、2000年に東京農工大学大学院の修士課程を修了した。来日当初は、機械工学科で金型を学び、就職して、いずれ帰国して金型の工場を立ち上げようと考えていた。

日本に来て気づいたのは、日本はトヨタ、ホンダ、ソニーなどのような大企業ばかりでなく、9割以上を占める中小企業が産業を支えていることでした。大学院で研究している学問と実際に産業を支えている中小企業の現実の間にギャップを感じた。

ちょうど技能実習制度が導入されたばかりで、2000年にはベトナムから日本へ1000人ぐらいの実習生が来て、私は実習生が研修している会社で通訳のアルバイトをしていました。ベトナム人の技能実習生の多くは中小企業で研修しており、ほとんどは日本語ができず、日本の企業文化も知らなかった。当時の実習生の状況を見て、自分にはやるべき役割があり、これはチャンスだと思って、日本の技能実習制度を勉強した。そして、送出機関だけではなく、教育機関としての機能を併せ持たなければいけないと考えました。エンジニアとして帰国しても自分一人だけではベトナムの産業界は大きくならないだろう。自分のような志を持つベトナム人が1000人、1万人以上になれば、彼らは日本とベトナムをつなぐブリッジ人材となり、必ずやベトナム産業のためになるだろうと思った。

武部……レロンソン社長は当時、帰国してエンジニアになるのではなく、人材送り出しの仕事に転換したわけですね。我々は送り出し側が来日前に目的意識を植え付け、言葉をきちんと勉強させることが大事と思っている。勉強もせずにお金になる安易に出稼ぎに来ること自体がそもそもトラブルの原因だと考えている。レロンソン社長が送り出しの仕事に就いてくれたおかげで大きく改善されている。

――レロンソン社長が事業を始めた当初はベトナムの若者の意識はどうだったのか。

レロンソン…… ２００２年に東京でベトナムコンサルティングという会社を起業しました。日本の中小企業基盤整備機構アドバイザーにも就任し、２００２年からホーチミン市で教室を立ち上げ、自らが日本語をはじめ、日本のマナー、文化、社会、日本企業で働くための仕事の仕方などを教えました。

最初は一クラス20数人を教えていたら、２カ月後に生徒が半分に減るわけです。その理由は教室の外に悪いブローカーが待っていて「今すぐに日本に行って働けるから、勉強なんかしなくていい」と誘っていた。誘いにのって半分が辞めていった。当時は勉強なんかしなくていいよという風潮があった。幸い残ったメンバーは日本語をしっかり勉強し日本から戻ってベトナムで社長になっている者が少なからずいる。

お金を稼ぐために日本語もできずに日本に行くからコミュニケーションが取れない。２００１年か２００２年頃、ある日本企業の実習生の約70％が失踪したとか、そういう話も聞いた。きちんとした目的意識を持たず勉強もせずに日本へ送っても結局は問題を起こしてしまう。

若者が海外に行くためには、何のために日本に行くのか目的意識を持たなければいけない。若い彼らがどんな風に考えられるかということだが、良い意識を持てる人ならばよいが、もし「お金を稼ぐ」ということだけの理由で厳しい日本に来たら、お金を稼ぐために一生懸命手だけは動かす一方、「日本を学ぶ」目的がないために、日本を知ろうとせず、自身の経験からのみ物事を考え、カルチャーショックを感じて不満を持ったり、我慢できない思いを感じたり、不理解、誤解が生じたり、また日本国内で悪い人に染まってしまうことにもつながりやすくなる。

必要なのは、自分が日本に行くことで将来どうなっていきたいかをよく考えてから日本に来るということです。これは、本人にとって日本に来ることがすべて良い結果につながるか、それとも悪い方向に行ってしまうかを分けてしまう。

武部…… それを「天使のサイクル」、「悪魔のサイクル」という人もいる。レロンソン社長は良い結果につなげるために、ベトナムに送り出しの会社「ＥＳＵＨＡＩ（エスハイ）」と「ＫＡＩＺＥＮ日本語スクール」（現ＫＡＩＺＥＮ吉田スクール）を設立したわけだ。社名やスクール名はどんな由来か。

レロンソン…… ＥＳＵＨＡＩは２００６年に設立しました。ＥＳＵＨＡＩの企業ロゴは「Ｓ２」をデザイン化したもので、ベトナムと日本の国土の形は同じようにS字形に似ている。Ｓの力が二乗すれば、さらに両国は発展し、アジアや世界を牽引できるとの思いを込めたものです。

併せて教育機関であるＫＡＩＺＥＮ日本語学校も開校しました。校名のＫＡＩＺＥＮの由来は、トヨタのカイゼンが革命ではなく、日々変えていく努力、改善するという言葉の意味であることに感銘を受けたからだ。そこで、私は「ベトナムから日本に行くのにふさわしい人材に行ってもらう」ことに徹底して注力してきた。ベトナムの若者が日本に行こうとする際に、しっかり日本語学習をしながら将来の自分の夢を叶えようとする、そういう志の高い人をどうやって選考、育成できるかということです。

――外国人材共生支援全国協会（ＮＡＧＯＭｉ）は提言を出している。送り出しをする側に向けた提言内容はどのようなものか。

武部……ＮＡＧＯＭｉでは、入国に際してＮ５相当の日本語能力要件の新設を提言している。その理由は、技能実習制度において、全くの実務未経験者を受け入れることになるので、労災事故の防止、労使間のコミュニケーション不全による種々の問題の防止や日本社会において安定的な生活を可能とするため、技能実習計画認定基準として日本語能力要件（Ｎ５相当）を新設すべきとしている。この内容は送出国、送出機関への要望でもある。

さらに、入国前講習や入国後講習の内容や期間を拡充し、継続的な日本語学習の実施義務も提言している。入国前講習や入国後講習について、日本の基礎的生活習慣文化、日本で犯罪となる行為を具体的に教えることは重要だ。さらに実習実施者において実習を開始した後も、技能実習生が継続して日本語学習ができるよう監理団体や実習実施者が配慮すべき義務を技能実習法改正により規定すべきと提言している。

レロンソン……グローバル人材共生社会の実現のために、多くの大変素晴らしい提言をしていただいており、心からうれしく思っている。私自身は来日前にホーチミン市の日本語学校で日本語を勉強してきたので、日本に来た後に地域社会に溶け込んで日本人ともコミュニケーションでき、さまざまな情報や知識やノウハウを得ることができた。だから、ベトナムの若者は日本に行くための大前提として、日本語を勉強することは欠かすことができないと思っている。

NAGOMiの提言では、「基本的課題を克服するための施策」の最初に「技能実習生の意識・能力向上」を挙げていただいており、訪日前の日本語能力要件N5の新設や、実習生の目的意識をはじめさまざまな理解を深める研修を行うなど、日本を目指す外国人が訪日前に日本を学ぶ機会を日本政府として拡大していくことについてご提案いただいており、私としてはまずこれに強く賛同する。

N5というレベルは日本語能力試験の中の最低基準で、母国で目標意識をしっかり持って勉強すれば、5、6カ月で達成できるレベルだ。日本でも何とか片言のコミュニケーションができるようになる。

N5を技能実習参加の新しい条件にすることで、日本を目指すならば意志を持って日本語を学習することが必須になるので、学ぶ意欲と学習能力を評価、審査でき、意識の低い人材をフィルタリングできる。それにより、日本での受け入れが自然と好ましいケースにつながりやすくなっていくと確信している。

私たちESUHAIの技能実習プログラムでは、学生は出国前に最低8カ月、通常1年、N4相当レベルまで勉強する。また、日本語だけでなく日本へ行くための心構え、日本での社会人としての基礎的な教育、日本の仕事と生活のマナー、文化、法律に関する教育も十分行い、本人の頑張り次第で日本の企業に内定をもらうことができる形になっている。これにより、お金を払って近道をしたいような短期志向の学習意欲のない人材は弊社に来ず、結果的に意識の高い人材が残って、かつブローカーを一切介入させず本人に不当な費用負担をさせない形での送り出しを行う仕組みになっている。

──入国時にＮ５程度の日本語要件の新設を提言しているが、日本語をきちんと習得した実習生のモデルケースを教えてほしい。

武部…… ベトナム人女性のゴー・ティ・トゥー・タオさん（第2章参照）は２０１７年に技能実習生として入国し、北海道の美幌農業協同組合で農業実習生として勉強し働いていた。実習3年を終えた後、コロナ禍で帰国が難しくなったこともあり、在留資格を「特定活動」に切り替えて勉強を続け、２０２１年4月に国立北見工業大学大学院に合格しました。タオさんはホーチミン市食品工業大学を卒業後、品質の高い日本の野菜を知って日本の農業に関心を持ち、レロンソン社長が運営するＫＡＩＺＥＮ吉田スクールに学んで技能実習生として来日した。来日してから2年でタオさんは日本語資格Ｎ２を取得。２０２０年はコロナ禍のため札幌の試験場に行けなかったが、実習を終えた後にＮ１を取得した。

タオさんは母国で農薬による環境汚染が問題になっていることに心を痛め、「大学院で土壌汚染などを研究して将来は母国の農業に貢献したい」と抱負を語っている。タオさんの活躍はＮＨＫワールドや北海道新聞などメディアで大きく取り上げられた。私が代表理事をしている公益財団法人「東亜総研」は、タオさんをはじめ、ほとんどがレロンソン社長のＥＳＵＨＡＩから受け入れているが、全体の3割以上の実習生がＮ３、Ｎ２、Ｎ１に合格している。

レロンソン…… タオさんのように、日本語ができて成長意欲も高く、どんどん積極的に取り組もうとすると日本の組織内でもかわいがられ信頼される。日本語で日本人とコミュニケーションをとることができるので、日本社会に入り込んで日本人との交流や余暇を楽しむことができる。

企業や団体も本人の日本語学習や仕事のスキルアップを支援していただくことで、外国人実習生は日本でただ稼ぐだけではなく、人間関係や信頼関係の作り方を学び、仕事も覚えられる結果になる。特に地方の中小企業においては家族のような人間関係もでき、外国人もどんどんその地域になじんでその地元を大好きになっていくことも多い。

外国から日本語力や志のある若者を受け入れて、受け入れ企業もしっかりとした育成体制で受け入れると、技能実習生の中にはより高度な技能、技術、管理スキルを習得するほど大きな成長を見せる人も出てくる。タオさんは大学院に進学したが、好ましい形で3年間の技能実習期間を終えると、企業と実習生の大変良い関係ができ、帰国してからも企業とつながり、OB会を作ったり、新しいベトナム人材採用時に面接会に来て協力してもらったり、現地進出時には幹部として改めて加わってもらうという展開にもつながっている。

また3年かけて日本のファン、その会社のファンになっているので、帰国後も周りに日本やその会社についての自分の好意的な感想やいい情報を広めることになり、日本とその会社にとっては継続的にいい人材が入ってくることにつながっていく。

——逆に、日本語の習得をせずに来日すると後の歩みはどう違ってくるのか。

レロンソン…… ベトナムの若者を例として考えると、まじめで意識の高い若者ももちろん多くいるが、目先のことだけしか目に入らない「短期志向」の傾向も大きい状態だと思う。「今すぐお金が欲しい」、「お金持ちになりたいので（やり方の善し悪しにかかわらず）短期間でお金を稼ぐ方法だけに興味がある」と考え、５年後10年後の自分の付加価値をつけるために、外国語を勉強しその国からさまざまなことを学ぼうとは考えない若者もいる。

外国人材が日本語の習得や目標意識や志を持たずに来日して働き始めてしまう場合は、本人や受け入れ企業の不満足、日本人との間での不信感、問題発生につながってしまうことが多い。これは、在留資格「技能実習」のケースに限らないと思う。本国での事前教育の時間が足りない、本人が勉強するつもりがない、もしくは学習能力が低いなどによって、日本語がほとんど分からないまま来日すると、簡単な作業を黙って延々と行うことしか担当できなくなる。

日本人とコミュニケーションができないことから孤独や不満がつのり、それが爆発して大きな喧嘩、暴力事件となり、失踪、途中帰国につながってしまうケースもある。休みの日でも、日本語ができないので日本人との付き合いもなく、ベトナム人の仲間とだけで過ごすことになる。日本社会の文化やマナーを身に付けられる状態になっていないため「郷に入っては郷に従う」ことができず、母国の習慣をそのまま持ち込んでアパートで仲間を集めて騒いで近所に迷惑をかけたり、周りの日本人からは違和感をもたれたりして、日本人との関係を悪化させてしまうこともある。

中には、本人が日本語や日本の文化や考え方を学ぶつもりが元々なく、方法の善し悪しにかかわらずお金を得ることだけを目的にして来日している場合もあり、日本国内の悪いグループに染まって失踪、不法就労、犯罪行為を行ってしまう人もいる。会社の規則や生活のルールを守れない、改善しない外国人の雇用は、受け入れ企業にとっては大きな悩みの種になってしまい、会社自体が疲弊してしまう。

——なぜ、NAGOMiは技能実習生の「前職要件」の撤廃を提言しているのか。

武部……技能実習生には、高卒の地方出身者など職歴のない候補者が多く、一件数万円で偽造書類を提出することが常態化しているからだ。狭い意味での技能移転を技能実習制度の目的から削除すれば、前職要件は必要ないと考えている。

レロンソン……技能実習制度は英語ではテクニカル・インターン・トレーニング（Technical Intern Training）といい、欧米などで盛んなインターンシップの日本版として、日本企業が送出国の若者の希望に応じてインターンを受け入れて、日本式の仕事や技能・技術や考え方を教えることで成長の機会を与えるという制度だと思う。

私からは一つ、外国の若者が技能実習に参加するにあたっては、本人が自分で書く「実習希望理由書」に基づいて進めるようにするということを提案申し上げたい。

技能実習制度そのものに対する指摘や批判の中で、技能実習生が強制的に日本での実習に従事させられているような捉え方になっていることがあるが、もし本人の知らないところで、本人がどの企業でどんな実習をするかについての意思確認もなく、偽造書類を使って本人が同意していない労働従事が決定されているとしたら、そのことは確かに人権上大きな問題だと思う。
　そういった状況を防ぐために、あくまでも本人主体でその企業での技能実習というインターンを希望する旨の理由書を提出し、企業が本人の志望を受理した上で技能実習が可能となるという流れを作るのはいかがか。
　同時に、技能実習生は日本企業でインターンを希望する外国の若者であるということで、業務未経験者ももちろん参加可能であると考えれば、ＮＡＧＯＭｉのご提言の「前職要件撤廃」にもつながる要素となると思う。

――現行の日本の在留資格について修正点や追加すべき点はないか。

武部……　ＮＡＧＯＭｉはキャリアステージにあわせた幅広い選択肢として在留資格制度を創設すべきだと提言している。在留期間の上限がない「特定技能２号」に係る特定産業分野を増加するとともに、日本語能力を含む一定の要件を満たした技能実習修了者について「特定活動」などで、例えば、「外国人材育成マネージャー」、「国際交流推進員」、「企業内管理者」などの名目で在留継続を認める。これにより、外国人材の使い捨てとの非難はあたらないことになる。

レロンソン…… ＮＡＧＯＭｉの提言の中で、日本語教員の派遣や日本語教育のサポートを挙げられているが、日本を目指すベトナムの若者に対する日本語学習の促進や事前教育を強化することはとても大事だ。加えて、日本企業の外国人材の確保のための長期戦略の中で、送出国と日本のお互いの国の課題解決と未来の発展のために、互いに有益な協力体制でその国との補完関係や法的な互換性を持たせてスムーズに両国連携が行われるようにすることが非常に必要である。また、外国人労働者の日本での安定的な実習や学びを妨げる引き抜きや転職の促進を防ぐことなどを含めた仕組みや法整備・制度の継続的強化も願っている。

日本の職業安定法で、(無期雇用の場合は)人材紹介会社が人材に職業を紹介してから2年間は他の会社に紹介してはならないという「転職勧奨禁止」という決まりがあるとおり、転職を安易に繰り返さず安定した職業につくことが、労働者にとっても企業にとっても最善だ。そして労働者と企業とのマッチングは、そのために最重要です。社会としては両者がしっかりマッチングできたら最低2年、3年安定して勤続できるようにしていかなければならないということだ。

一方、外国からの人材は、外国人だからこそ最初は日本の商習慣も分からず、生活環境にも慣れず、言葉もわからずカルチャーショックもあり、日本人労働者と比べ不利な状況な中、日本で働くことになる。日本企業で技能実習というインターンを希望する外国人材は、事前に本人による「この企業でインターンしたい」という志望と企業の「この人を受け入れたい」という承諾によるマッチングに沿って、初めての不慣れな日本でのインターンである3年間の技能実習をお互いの合意に基づいて安定した一カ所で行うということは良い方法だ。

もう一つ提案だが、インターンである3年間の技能実習期間中、企業は責任を持って雇用条件をちゃんと順守して実習生もお互い正しくルールに則《のっと》って行い、それを監理団体がサポートしながらチェックし、それを国が管理するという体制で行った上で、両者がしっかり実習期間を終えた3年を迎える際に、次の進路について本人が自分への評価と職業選択の自由に基づき希望を表明する申請を出して、企業も監理団体も理解の上、国が認めてあげるという一つの区切りを設ける形にすれば、本人も企業も予定を立てて目標やプランを考えやすい。

その頃には本人は、3年間しっかり学んでいれば日本の生活にもなじんで日本や日本人のことも理解でき、仕事も覚えた状態になっていると思う。その上でその企業でもっと続けて働きたいか、あるいは本国に帰国したいか、日本でキャリアアップしたいか、他の仕事を探したいか、それぞれ希望が生まれていると思う。

継続して日本で就労したい場合には、現在の高度人材ポイント制を拡大し、条件を満たせば外国人材が在留資格の特定技能の他にも特定活動、技術・人文知識・国際業務、高度専門などの移行を日本政府が認める制度を設けることができれば、外国人材が日本でのキャリアを目指しやすくなり、また優秀な人材が企業とマッチングし、長期に亘って日本社会になじんでいくことで、日本が長期的かつ安定的に優秀な外国人材を確保していける戦略の一つになる。

――コロナ禍もあり、ベトナムから日本への技能実習生らの動きに変化はないのか。これからの人材育成、人材確保策についてどう考えるか。

武部…… ベトナムの社会経済情勢は変化している。ベトナムは経済発展を遂げ、遠からず先進国の仲間入りをしようとしている。日本は今後ますますベトナムから単なる労働力を求めるなんてことは許されなくなる。日本できちんと研修する目的で来日し、日本のやり方を体で覚え、それを母国に持ち帰ってこそ、ベトナムの経済発展に貢献できる。N５レベル以上の日本語要件、日本の生活、文化、習慣の習得は来日前に送り出し側に求めざるを得ない。だが、送り出し側がそれに協力するためにはコストがかかる。ベトナムの送出機関に助成をするとか、奨学資金を日本側で設けることが必要になってくるかもしれない。ＮＡＧＯＭｉとしても協力を求めるだけでなく、日本語教師の派遣とか、奨学資金などについては検討したいと思う。

レロンソン…… ベトナムの人口は現在、約９５００万人で、学校を卒業して社会に出る人は１００万人以上いるが、今後、出生数の減少によりこれから10年先新たな労働者も少しずつ減少していく。

技能実習生として日本に渡る人数はコロナ前の２０１９年は年間8万人強、２０２０年はコロナの影響で4万人強、２０２１年は2万人強になる見込み。コロナ後は日本への渡航人数はもちろんある程度回復していくとは思う。しかし今回コロナの影響をきっかけにベトナムの若者にとって日本を含めた海外に行くことを敬遠する雰囲気が初めて生まれたということに留意している。これは、ベトナムだけではなく、他の国も同様だと思う。

今後5年から10年単位のスパンで考えると、ベトナムもその他のアジアの国もこれから経済発展していく中で国内の賃金も上昇すれば、単純にお金の魅力だけで日本に行くという動機は、現在の中国の人材のように少なくなっていく可能性もある。今後は次第に従来の「日本に行きたい人がいくらでもいる状況」ではなくなり、送り出しのあり方が変化していくだろうと考えている。

――今後、どうすれば日本はベトナム、アジアの若者に選ばれる国になるのか。

武部……　今後、経済発展していくベトナムでは、若者は国内においても単なるワーカーとしてではなく付加価値を持つ人材であることが求められる。当然ながら、日本においても、経験の浅い外国人材が若いうちから幅広く学べ、基礎から技能を習得することで、将来的に付加価値のある人材に育成することが大切である。国内外から魅力的で実用的と評価される外国人材育成システムを構築することによって、ベトナムはじめ、アジアの若者から選ばれる国にしていかなければならない。

レロンソン……　現在でも、ベトナムの新卒人材と、付加価値を持った人材を採用したいベトナム国内企業との間でミスマッチが起こっており、学生は学校を卒業してもなかなか自分が望むような就職がしにくい状態だ。この傾向はさらに強くなるだろう。

これを解消するためには、やはり今後もベトナムの若者は海外、特に日本に行って学ぶ機会をより重視すべきだと考えている。この目的のために日本に行くことは、「お金を稼ぐだけ」という短期視点ではなく、「5年、10年後、自分の人生と仕事をどう発展させていくか」ということを、20代の前半で考えることが求められる。しかしなかなか本人一人ではそういう設計は難しいうえ、またもし本人が個人で海外に働きに行こうとすれば、必ず悪いブローカーが寄ってきて短期視点的な提案をされてしまい、国もいい方向に導くことができなくなっている。

今後ベトナムは送出国として人材を海外に供給し続けるということだけではなく、その人材が将来ベトナムに戻ってより優秀な人材、幹部候補としての人材に成長するように導くことを視野に入れ、ベトナム政府が認定し労働省が直轄管理する企業である送出機関にしっかり義務を果たさせなければならないと思います。

武部……送出機関にはそういった長期視点による事業戦略を是非持ってもらいたいですね。

レロンソン……若者に対して海外特に日本を通じてキャリア発展させることについての魅力を伝えて募集してキャリアカウンセリングを行い、その上でたとえば日本語検定N5以上など一定基準において選考し、また日本の文化と日本企業で働くためのスキルや考え方、日本で生活する際に「郷に入っては郷に従う」ための知識を理解してもらった上で日本企業に推薦していくということを、送出機関の責任としてしっかり果たしていくことが重要となる。

またそういった義務をしっかり果たせない、法律を順守できないような送出機関は、ベトナム日本両国政府の連携により排除していくことも検討が必要だと思う。より良い送出機関がより良い人材を提供していくことは、日本にとってもベトナムにとっても必要なことだ。
弊社は現在、日本とベトナムが１００年かけて補完関係を構築しともに発展していくことを目指す「日越１００年構想」の下、ベトナム若手人材が今後10年後も20年後も日本でのキャリアを通じて将来日本でもベトナムでも活躍できるブリッジ人材になることを目指せるよう、事業の仕組みの組み換えをしている。これからますます良いキャリアプラン、キャリアデザインをベトナムの若者に提供していきたい。

――若者以外の層を送り出すことは考えていないのか。

レロンソン……もう一つ、今後ベトナム国内で解決していかなければならないと思っているのは、ベトナムで30代までワーカーの仕事をしてきた人たちも多くいるが、ワーカー職は若い人材が好まれるために30～35歳でワーカーとして失職してしまうことが多いという問題だ。これまで単純なワーカーをしてきた人が30代で定年を迎えてしまうようなもので、その後の仕事はどうするのかということがベトナム社会で問題になっている。
そこで、30代とはいってもまだ若くて元気だから、最低N５まで日本語を習得して実習生として日本に行って、今までの経験に加えてさらに日本企業での実習経験を積み、本国の家族も含めた生計を立てて、その上で3年から5年後にベトナムに帰国した際には、ワーカーではなく日本語力や日本での経験を生かして現場リーダーや管理職以上になれると考えている。これまで技能実習生と言えば20代が主流だったが、そういう30代の社会問題への一つの解決策として技能実習制度を活用するということも真剣に取り組みたいと思っているし、受入企業の皆様にも提案したい。

——日本では外国人労働者のさまざまなニュースが報道される。これについてベトナムではどう受け止められているのか。

レロンソン…… 現状は、ベトナムでも日本で技能実習に行ったベトナム人の殺人事件や、不当な待遇の問題などがニュースでフォーカスされる一方、これまで技能実習に行って素晴らしく成長し、日本の企業とも強い信頼関係を作って現在ベトナムで成功して幸せに発展しているケースなどはあまりフォーカスされることがないため、私どもとしてはベトナムの若者に日本に興味を持ってもらう過程で、「日本は治安が悪い」「日本企業はみなひどい」「日本ではベトナム人が辛い目に遭う」などの誤解を解き、認識を修正することが求められることもある。

一方で日本国内でも、ごく少数の悪徳業者による問題だけが技能実習制度のトピックとしてマスコミなどにフォーカスされ、実際の例の多くを占める成功ケースや関係者全員が満足しているケースの実習生本人、受け入れ企業の声や結果の意義などが紹介されないことで、国の内外から技能実習制度自体に安易な批判が集まってしまう傾向が生まれていると思う。

加えて、もし日本社会で問題を起こすような人材が選別されることなくたくさん入国し続けた場合は、結果的に日本国内で実際に発生する問題数、犯罪数などが上昇してしまうことで、いつか日本国内の世論が外国人材そのものに否定的になってしまうおそれもあると懸念している。

つまり、「外国の若者はどんどん日本を敬遠するようになり、同時に日本人はどんどん海外からの若者を警戒するようになってしまう」という事態にならないよう、日本企業の外国人材確保のための長期戦略の中で、ＮＡＧＯＭｉで提言されているグローバル人材共生社会を作るために、外国の若者がどんどん日本でのキャリアを歩みたくなるようにこれまでの成功、満足、モデルケースを紹介し、彼らがもっと日本語を勉強したくなるように支援、促進することが戦略的に必要とされていると思う。

――技能実習制度の不正行為撲滅キャンペーンをしている理由は何か。

武部……　外国人犯罪者や失踪者の増加は、国内治安に対する不安定要因であるとともに、日本に不信感を持つ外国人の増加につながり、日本の安全保障に悪影響を与える問題である。また人権侵害に対する深刻な国際的批判の高まりなどを受け、「ビジネスにおける人権尊重」の国際的な論調が強くなっている。このため、ＮＡＧＯＭｉは厚労省、法務省、外務省の後援で技能実習制度の不正行為撲滅キャンペーンを行っている。日本語・英語・ベトナム語・インドネシア語のポスターとチラシを用意し、ＮＡＧＯＭｉの全国８ブロックにチラシ、ポスター２６０枚を配布している。一方、自民党をはじめ、関係する省庁、団体、地方自治体、メディアにも呼び掛け、在日ベトナム大使館にも協力を要請した。

キャンペーンは日本のみならず、送出国のベトナムでも必要だ。レロンソン社長はベトナム労働者派遣協会（ＶＡＭＡＳ）の常務理事副会長に就任している。是非とも、ＶＡＭＡＳとも提携して不正行為撲滅キャンペーンを展開したい。

レロンソン……今後、ＶＡＭＡＳとＮＡＧＯＭｉが良い協力関係となることは、ベトナムの人材と日本企業の発展にとって必要不可欠と考えている。私自身はベトナム人材の教育、育成と日本企業への送出しに関する経験からベトナムと日本の双方の法制度を知っているので、双方のつなぎ役になれればと思っている。この事業から不正行為などをなくし、よりよくするためには、ＶＡＭＡＳとＮＡＧＯＭｉが協力して優良な送出機関を推薦したり、一方改善すべき機関には指導、アドバイス、コンサルティングしたりすることができればいい。

ＥＳＵＨＡＩの事業はベトナムと日本のみです。私はベトナム、日本両国について、５年後、10年後、20年後の中長期志向で関係構築を考えたい。20年後を見越して1万人以上の、日本との懸け橋になるブリッジ人材を育成していきたい。コア人材を作っていきたい。シンガポールでみんなが英語を話せるように、ベトナムで日本語を話せる人材を増やしていきたい。私は人生をかけてこれをやり遂げたい。

第2章

日本で活躍する外国人材のストーリー

両親の心を受け継ぎ日比に貢献

■日本ペトロ　プリマベーラ・ジョージさん（フィリピン）

フィリピン出身。国際大学（新潟県）、京都大学大学院経済研究科に留学。金型メーカー勤務などを経て、現在、日本ペトロで在日フィリピン人などをサポートする仕事に従事。

【日本ペトロ株式会社】

1956年4月、大阪市北区にて石油化学製品の卸売会社として創業。80年代からはNTグループとして、フィリピンを中心とした東南アジアにも事業を展開する。グループの主な事業は卸売、国際貿易、電子部品組立、英語教育、外国人向けの日本語・日本文化・職業教育をはじめとする在日外国人の支援事業など。

新潟中越地震で知った〝日本人の心〟

2004年10月23日、日本人の友人の家を訪ね、覚えたばかりのちらし寿司を作っていた時、経験したことない揺れが、国際大学（新潟県南魚沼市）の留学生だったプリマベーラ・ジョージさん（42）を襲った。

新潟中越地震だった。フィリピンでも地震は体験したが、これほどの揺れは経験がなかった。ジョージさんはパニック状態。何も考えずにとにかく外に飛び出した。余震が落ち着いた後もジョージさんはどうしてよいのかわからず、茫然としていた。ところが日本人の友人はすぐに家に戻り、冷静に火の気の確認し、ガス栓を閉めて家屋の火災を防いでいた。ジョージさんは「今夜はこの家には泊まれない。食べ物も必要だ」と思い、作りかけのちらし寿司を取りに家に戻った。結局、その庭で震えながら一晩を過ごすことになった。

その後、強い余震が続いた。不気味で大きな地鳴りは初めての経験だった。地震発生から1週間ほど、ジョージさんは仲間と大学の体育館に泊まらざるを得なかった。被災による避難生活は初めての経験だった。トイレやシャワーなどいろいろ不便なこともあったが、食品など必要生活物資は学校、自治体、地域住民から連日届けられた。

地震は大きな災害をもたらしたが、日本の災害時の効果的な支援制度は、本当にすごいと感じたジョージさん。そして何より被災した際でも冷静沈着で、自分たちのことだけでなく困っている周りの人のために活動する日本人の振る舞いに大きな感動を覚えた。食料を受け取る際にも、日本人は自分のいる分だけを受け取る。混乱の中でも泥棒もいない。一緒に被災したからこそ知ることのできた〝日本人の心〟だった。

拡大しているイロイロ市。経済発展に伴って自動車台数も増え、道路整備も進んでいる（写真／Mr.Isidro Tendencia）

故郷はイロイロ市

ジョージさんは、フィリピン中部ビサヤ諸島のイロイロ市の出身だ。町の中央を流れる川の形が人の鼻（イロン）に似ていることが地名の由来である。イロイロ市は西ビサヤ諸島で一番の良港で、スペイン統治時代から繊維や砂糖の貿易で大きく繁栄した。贅《ぜい》をつくした装飾を施した歴史的建造物が今でも数多く残っている。カトリックの教会は特に豪華であるが、もともと教会は他国や海賊からの侵略を防ぐ、見張り台としての役割もあったため、いくつかの街で高地に位置している。

米国統治時代には総督府が置かれ、教育大学も設置された。イロイロ市はその後も大学が多く設立され、フィリピン中部の高度教育の拠点となっており、周辺地域から若者が集まる都市となっている。現在は農業と水産業が盛んで、この15年、目覚ましい経済発展を遂げている。

現地のイロイロ語は、しゃべり方がゆっくりで、歌っているように聞こえるという。ゆったりとした気性の人々、きれいな海、クラシックな建物が調和したイロイロの街はこのままであってほしいとジョージさんは言う。

日本留学は両親の影響とアニメがきっかけ

ジョージさんはミンダナオで育てられたお母さんとマニラで育ったお父さんの子供として生まれた。お母さんは、日本が技術面、資金面で大きなサポートをし、日本人研究員も多数在籍した漁業開発センターに勤め、家計を支えた。お父さんでなく、お母さんが家計の大黒柱だった。漁業開発センターがイロイロ市にあったためジョージさんの両親はイロイロ市に来たのだ。

１９８０年代〜90年代、フィリピンで砂糖に代わる輸出品として資本家が注目したのが、エビの養殖だった。ジョージさんのお母さんはエビ養殖の研究者でもあったが、エビの養殖場のために、マングローブの森が伐採されることに危惧を抱いていた。マングローブの森が破壊されれば、漁業を含めたフィリピンの生態系が破壊される。そこで、ジョージさんのお母さんは、「マングローブ・フレンドリー」という目標を掲げ、持続可能な開発を訴えてきた。その取り組みは日本のテレビ番組でも取り上げられたこともある。自然環境の保全、持続可能な開発はジョージさんの意識の中に今でも根付いている。

お父さんは仕事をいくつか持ちながら、地域の貧困問題を扱うＮＧＯ会長を務めていた。ジョージさん

両親の結婚式（1967年7月1日）。父22歳、母20歳。

によれば、〝顔はお母さん、性格はお父さん〟にそっくりとのことだ。「私が日本に興味を持ったのは、三つの影響です」とジョージさんは言う。

　一つ目は、お母さんが勤めていたのが日本の支援を受けた漁業開発センターであったことだ。日本人の仕事ぶりや考え方をお母さんからよく聞かされた。

　二つ目は、お父さんの影響だ。お父さんの趣味は車のメンテナンス。メンテナンスに使うレンチやスパナーなどの道具は、すぐに変形してだめになる他国製のものに比べて、日本製の道具はしっかりしている、ということをよくお父さんはジョージ少年に言っていた。また、日本のスパークプラグはすごく品質がいいので、中心電極の先端と接地電極を紙やすりで定期的に削れば、変える必要なく永遠に使えるとも。ちなみに、そのスパークプラグメーカーは、ジョージさんの現在の外国人材サポート業務において、取引先の親会社だった。後で分かったことだが、ジョージさんは改めて納得した。ジョージさんは子供の時から技術や製品の品質に関して、日本で作られたものはとてもいいという印象を受けてきた。

三つ目は、アニメだ。しかし、子供の頃は、日本製のアニメだということを知らないで、日本のアニメをよく見ていた。当時フィリピンで放送されていたマクロス、鉄腕アトム、ゴライオンなどはセリフが英語だったので、日本製のアニメだと思っていなかった。キャラクターの名前も日本語版と異なっていた。自分が好きだったアニメが日本製だったというのが分かったのは、相当大きくなってからのことだ。その後、日本の明治時代を舞台にした「るろうに剣心」のファンになって、さらに日本への興味が深まった。

フィリピンから初めての日本へ

ジョージさんはフィリピン大学イロイロ校に進学し、経済学を学んでいた頃、当時経済力が米国の次であった日本がなぜそうなったのかを知りたいと思った。

卒業が迫るにつれ、どうしても日本に留学したいという思いが募った。しかし、お金がなかった。そこで国際大学を見つけて応募し、アジア開発銀行に奨学金を申請し、見事合格した。国際大学は新潟県南魚沼市にあり、「八海山も近いし、美味しいお米とお酒ですぐに新潟が大好きなりました」、とジョージさんは笑う。言うまでもなく、新潟は雪国ということで、来日前は寒いのかどうか心配していた。ところが、来日してすぐに生まれて初めてスキーをし、かまくらも雪で作って、２メートル以上の積雪も経験した。

試しに留学生寮の2階や3階の窓から雪上に飛んでも、けがもなく命に別条はなかった。

そしてジョージさんは、この国際大学への留学中に新潟中越地震で被災をし、大学の勉強だけではわからなかった日本人の精神を知ることになった。

どうしてももう一度日本へ

国際大学への留学を終え、フィリピンに帰国して、フィリピン大学イロイロ校で教師として主に入門経済を教えていた。1年半（3学期）教えていたが、どうしても日本に戻りたくて、改めて留学することにした。

しかし、今回は西日本を経験したくて、日本の文化や歴史の中心である京都に留学することにした。京都大学大学院経済学研究科に所属し、日本経済史を専攻した。指導教官は堀和生《ほりかずお》教授だった。堀教授は東アジア経済史のスペシャリストであり、韓国語も話せた。先輩は日本人だけでなく、中国人、韓国人、台湾人で、みんなは漢字文化圏から来て、日本語がとても流暢だった。ゼミのテーマは第二次大戦前の東アジア経済史で、英語を使わず、いつも統計に基づいて議論していた。ジョージさんは今でも漢字を読むのは必死だが、１００年前後も前の資料の漢字を読むのは本当に苦労した。

京都に留学中、京都市教育委員会の通訳ボランティアの活動をした。いろんな小学校で、ルーツがフィリピンである子供たちの面談通訳、家庭訪問通訳サポートなどをしていた。京都府国際センターでも、外国人府民向けの外国語相談員（フィリピン語と英語担当）のアルバイトもした。日本に来ても困っている同胞を助けたいという心はお父さんからジョージさんにしっかりと受け継がれている。

日本での就職、転職、そして現職へ

ジョージさんは、京都大学大学院修了後、埼玉県朝霞《あさか》市の金型《かながた》メーカーに就職。その後、大阪市西区のココナッツ商品の輸入販売業者に転職、そして現在の日本ペトロ（大阪市北区）に就職して仕事に就いている。

ジョージさんにそれぞれの就職の経緯を聞いてみた。

「金属メーカーで働いていたのは、海外貿易に興味があり、日本で作られたものを海外で販売する事業に関わろうと思ったからです。金型ロール製造において、世界一のポジジョンをドイツのメーカーと争っているのは日本企業でした。何回かの海外出張で、日本のものづくり技術は日本国内だけでなく、海外まで認められていることを実感しました」。

「フィリピン産有機ココナッツ商品の輸入販売業者に転職したのは、日本にいて仕事をすることによって、母国に何か貢献できればと思ったからです。この企業のミッションは、日本で身体にいいココナッツ商品を販売することによって、フィリピンの農家の中でも一番貧しいといわれているココナッツ農家に雇用を生み出すことです。日本人の健康に貢献しながら、フィリピンの貧困問題の解決に貢献するという理念です」

「今の日本ペトロでの仕事は、日本にいて頑張っているフィリピン人をサポートする仕事です。自分も最初日本語ができなくて、非常に苦労しましたが、いろいろな方々に助けてもらったので、今の自分に至りました。今まで経験してきたことを生かして、日本企業で働いているフィリピンの方々をサポートすることによって、日本とフィリピンのためにもなるし、とても有意義な仕事です」

日本語を学ぶモチベーション

ジョージさんは、日本に来てから日本語を勉強した。だが、文字だけでも、ひらがな、カタカナ、漢字の3種類もあって、漢字によって読み方が、例えば、国立を「こくりつ」と「くにたち」と読むように、2つも3つもあるので学ぶのが非常に難しいと痛感した。漢字を書くのは、今でも苦労している。しかし、ジョージさんは日本語がどんなに難しくても、興味さえあれば勉強したくなると言う。今でも毎日新しい日本語を学んでいる。

自らの経験を踏まえ、ジョージさんは日本語を習得する意味を語る。

「外国人が日本語をできるのを知ると、たいがいの日本人は喜びます。会話できる相手は増え、行動範囲が広がり、より充実した生活ができます。言葉は道具だから、たくさん持っていたほうがいい。病気になっても、自分で診察を受けられます。大事なものをなくしたときに、自分で警察署に行って遺失届を出せます。引っ越しする時、市役所で転出と転入の手続きをできます。日本語が理解できる状態と日本語が理解できない状態とでは、どれだけ生活に差が生じるかということを理解するのがポイントだと思います。これは日本語を勉強するモチベーションになり、いくら難しくても、頑張る気持ちになります」

妻の実家（彦根市）前で撮影したプリマベーラ家写真。

結婚と家庭はフィリピン方式で

ジョージさんは日本人の奥さんと京都の留学生時代に出会った。日本人の友達の妹だった。３人とも同じアパートだったので、ほぼ毎日会っていた。そのうち、友達には内緒で、妹のほうだけを誘うようになり恋愛関係に、そして結婚へと発展した。

ジョージさんの家族は奥さんと子供の三姉妹。家族の絆を大事にするジョージさんは、毎週2時間、フィリピンとオンラインで結び、フィリピンのご両親、そして、ジョージさん夫妻、子供たちという3世代でミーティングを行っている。一週間の活動や予定だけでなく、一族の土地や建物の処分をどうするかなどシリアスなテーマも扱うとのこと。

ジョージさんの奥さんは家事をこなしながら、医療事務の仕事も行う。仲良し夫婦だが、時々衝突することがあるらしい。それは奥さんが、きれい好きで整理整頓にうるさいからだ。特に洋服や家財道具など使わないものは、すぐに処分しようとする奥さん。環境保全の観点からなんとか保管して再利用しようとするジョージさん。もちろん最後はジョージさんが奥さんの方針に従う。これが夫婦円満の秘訣だ。

ジョージさんに日本とフィリピンのコミュニケーションの違いについて聞くと、「日本人はフィリピン人に比べて少し人間関係が希薄に感じる」と答えた。フィリピンにはジプニーという乗り合いタクシーがある。その例でいえば、走り出そうとする時でも乗りたい人がいればその人が乗り込むまで待つ。他の乗客は誰も文句を言わない。お年寄りや妊婦さんなどが乗ってきたらすぐに席を譲る。乗るスペースがないときは、男性がジプニーの外側にぶらさがってスペースをつくる。隣の人とはすぐに会話が始まって、相手が外国人の場合には、降りる場所や降り方まで説明してくれる。

フィリピン人が持っている、他人にも家族のように接するホスピタリティーの精神は、介護などでは特に重要だ。ジョージさんが勤める日本ペトロを通じて、多くのフィリピン人が日本の介護の分野で活躍しているが、今後さらにその要望が高まっていくだろう。

これからのフィリピンと日本

仕事に、家庭に、ボランティアにと毎日奔走するジョージさんは、これからのフィリピンと日本の関係をどう考えているのだろうか。

現在、日本は高齢化社会であり、慢性的な人材不足問題に直面している。一方、フィリピンの経済は弱く、人口は増加しているが、国民に家族を支えるための安定した仕事を与えられない状態だ。この両国の状況において、普通に考えると、豊富な人材に恵まれているフィリピンから人材不足である日本に人材が移動する。しかし、人材は商品と違って、言葉、文化、宗教があり、さらにそれぞれの背景、感情、考え方などもある。

ジョージさんは、大事なポイントは日本に来る外国人材をどのようにスムーズに日本社会になじませるかだと思っている。「ルールがないのがルールだ」というフィリピン人も、完全に日本の文化を理解できなくても、日本で生活するためのルールは守らなければならない。適切な人選、入国前と入国後教育、来日後のサポートによって、はじめて外国人材が日本社会に溶け込めて大きな力になれる。これによって、日本企業の人材不足問題の解決につながり、フィリピン人の雇用創出にも貢献できる。これが強い日本とフィリピンの関係の一つの基盤になる。

まさに現在、このようなことに取り組んでいるのがジョージさんの仕事だ。ジョージさんは今まで蓄積してきたさまざまな経験を生かして、日本に来るフィリピンの人々にアドバイスやサポートをしていきたいと考えている。ストレスも多いが、有意義で満足度が高い仕事である。ジョージさんはこれからも日本とフィリピン関係の構築と改善に貢献していきたいと思っている。

実習生から大学院生、監理団体スタッフに

■北見工業大学大学院
ゴー・ティ・トゥー・タオさん（ベトナム）

ベトナム出身。大学卒業後、技能実習生として来日。JA美幌で農業を学んだ後、北見工業大学大学院に進学。研究の傍ら、技能実習生の日本語支援サポートを務める。

■東亜総研
チャン・ティ・トゥー・ユンさん（ベトナム）

ベトナム出身。短大卒業後、技能実習生として来日。標津町の水産加工会社での実習後、東亜総研北見事務所のスタッフとして、ベトナム出身の技能実習生のサポートに従事。

【公益財団法人東亜総研】

本部・東京、北見事務所。代表理事会長・武部勤。「共存共栄のアジア新時代」を目指して2013年6月に設立。主な事業は外国人技能実習生受入れ事業、日越大学構想推進事業、ジャパンベトナムフェスティバル、日中教育文化交流事業（修学旅行）、モンゴル観光開発調査研究、定例セミナー・特別フォーラムなど。

北国の「スイートハウス」

北国の大空のもと、早朝の公園にピアノの音色に合わせたラジオ体操のかけ声がテンポよく響きわたる。

北海道北見市の高栄《こうえい》南公園で毎日のように行われる恒例のラジオ体操。50人のほどの仲間に交じってベトナム人女性、ゴー・ティ・トゥー・タオさん（28）の姿もあった。タオさんは２０２１年４月から北見工業大学大学院に通う大学院生だ。

タオさんの傍らにはいつも決まって小川のおばあちゃんがいる。自宅まで迎えに来てくれ、ラジオ体操の帰りに野菜や時に赤飯まで手渡してくれる小川のおばあちゃんはタオさんが大のお気に入りだ。

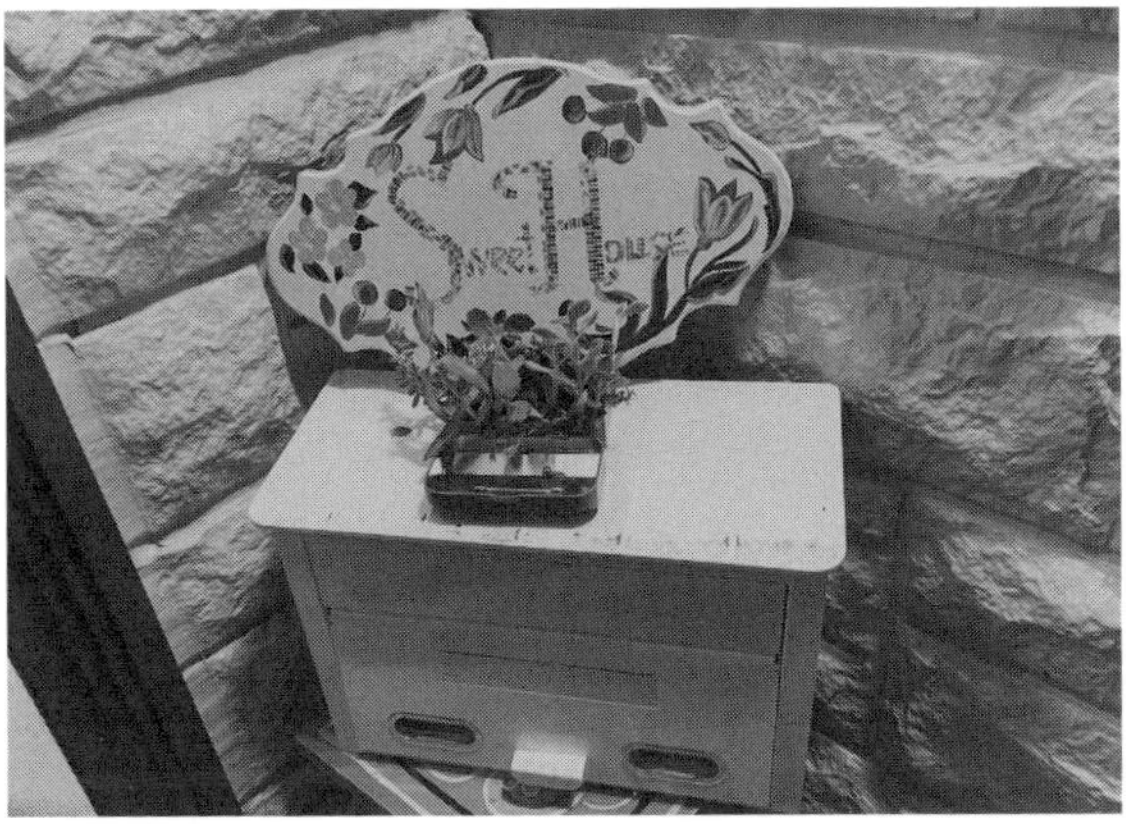

タオさん、ユンさんたちが暮らす「スイートハウス」。玄関前のウェルカムボードは、彼女たちの手作り。

タオさんは高栄南公園に程近い「スイートハウス」に住んでいる。

「スイートハウス」は木造二階建ての一軒家で一緒に住むベトナム人女性４人が自分たちでつけた名称だ。４人はタオさんのほか、チャン・ティ・トゥー・ユンさん（29）ら監理団体「東亜総研」北見事務所（北見市高栄西町）のスタッフ３人。タオさんも週1回、技能実習生の日本語支援をサポートするため東亜総研の仕事を手伝っている。

同じ家に住んでいても、大学院生のタオさんと監理団体の仕事で出張があったり、夜遅くに帰宅するユンさんでは生活のリズムが全く違う。ユンさんの目には、午前2時か3時に起きて勉強し、早朝にラジオ体操に出かけ、それから大学院に通うタオさんの日常は真面目そのものに映る。タオさんは、技能実習生のサポートで飛び回るユンさんの存在が頼もしく感じられる。

食事や歌で楽しい女子会

それでも、週末に「スイートハウス」でタオさんとユンさんらは女子会を開いて楽しいひとときを過ごす。お互いに好きな料理をつくって食べておしゃべりをする。タオさんはココナッツミルクをベースとしたベトナムのスイーツ「チェー」が大好きだ。ユンさんはベトナム風の味付けの焼き肉を好んで料理する。ユンさんは故郷の名物でネムチャウと呼ばれるにんにくや唐辛子などで味付けした発酵豚肉ソーセージを使った料理にも挑戦したいと思っている。

女子会では日本の歌謡曲を歌って盛り上がることがある。タオさんは昭和歌謡である五輪真弓の「恋人よ」、テレサ・テンの「つぐない」、久保田早紀の「異邦人」を哀感込めて上手に歌う。

ユンさんはAKB48の「365日の紙飛行機」をよく口ずさむ。ユンさんがかつて体調を壊してホームシックになった時、「時には雨も降って涙も溢れるけど♪思い通りにならない日は明日 頑張ろう♪」の歌詞に励まされたからだ。

多忙なタオさんやユンさんにとって「スイートハウス」はオアシスのような場所である。このことが「甘美な、気持ちよい、楽しい」の意味を持つ英語スイート（Ｓｗｅｅｔ）を家の名称につけたゆえんでもある。

タオさんもユンさんも、同じベトナムの送出機関エスハイ社のＫＡＩＺＥＮ吉田スクール（ホーチミン市）で日本語や日本の生活習慣などを学んだ。タオさんは２０１７年６月に、１歳年上のユンさんはその１年半前の２０１６年１月にそれぞれ技能実習生として来日した。２人とも東亜総研が監理団体として受け入れ、タオさんは北海道オホーツク管内美幌《びほろ》町の美幌町農業協同組合（ＪＡびほろ）、ユンさんは北海道根室管内標津《しべつ》町の水産加工会社「北嶺」でそれぞれ３年間実習生活を送った。

２人のそれぞれの道程をベトナム時代、技能実習期間、実習終了後に分けて振り返ってみる。

【ベトナム時代】 タオさん ダクラク省 コーヒー園の思い出

タオさんはベトナムのダクラク省出身である。中部高原に位置する、コーヒー豆の産地に生まれた。父親のゴー・ヴァン・ハイさんはコーヒー豆の農園を営む。タオさんは「私はコーヒー豆と一緒に育てられてきました」と笑うが、ダクラク省のコーヒー豆はベトナムのコーヒー生産量の60％を占めている。同省では2年に1回、コーヒーフェスティバルが開催される。たくさんの種類のコーヒーの試飲をしていろいろな少数民族の特徴的な文化を取り入れながら興隆してきた。高原地帯にあるので、風景がとてもきれいで、カシューナッツやアボカドなど食べ物も豊富な地域だ。

タオさん　ホーチミンの大学で食品分析化学を専攻

タオさんはホーチミン市の大学で食品分析化学を専攻し、食品の安全面や衛生面に関する実験や研究をしてきた。特に、ベトナムの食べ物にみられる商品資格のない食品を定期的に調べてきた。その時、農薬が環境への影響を及ぼし、野菜や果物の残留農薬が人間の健康に深刻な影響を与える可能性があることを知った。

大学在学中に日系食品スーパー、イオンでアルバイトをしている時、ベトナム産の野菜より高価な日本の野菜がたくさん売れているのを知った。ベトナム産の農産物に対する消費者の信頼が徐々に失われているとはっきり感じられた。

タオさんの父が営むコーヒー農園（ベトナム・ダクラク省、写真／ゴー・ヴァン・ハイ）

タオさんはその時、「日本の農業の技術を知りたい。日本の農家はどのようにして消費者との信頼を築いてきたかを学びたい」と日本の農業に興味を持った。

タオさん　日本産のきれいな野菜に感動

大学を卒業してから、しばらくホーチミン市の食品会社で働いていた。加工食品を作っている工場で勤務していた。だが、イオンでアルバイトをしている時の日本のきれいな野菜に感動したことが忘れられず、しかも自身が残留農薬により中毒になった経験があるタオさんは、自分でもきれいな農産物を消費者に届けたいと思った。

故郷で父親と一緒にきれいで安全な農産物を育てる農園を作りたいといったんは地元に戻った。いとこの木材工場で働きながら、父親の農場を手伝った。しかし、大学時代の友人に日本で働こうと誘われ、日本で働いた経験のあるベトナム人と話したことが忘れられず、心の中で日本への関心を失うことはなかった。父親や家族はタオさんが日本に行くことに反対したが、タオさんは日本に行くことを決意し、ホーチミン市のＫＡＩＺＥＮ吉田スクールに通い始めた。

ユンさん　タインホア省　ベトナム古代王朝の城郭跡

一方、ユンさんはベトナム中部タインホア省の出身だ。タインホア省はベトナムの省の中で人口が多く、まだまだ発展途上にある。洪水、台風、干ばつなどが発生し、気象条件が厳しい地域である。そのため、人はかなり忍耐強く倹約的だ。また、貧困地域もあるため、大きな成功を追い求め、同郷意識はかなり強い。同省を離れ海外で住んでいる人々は互いに助け合い、情報を交換し、故郷の発展へ貢献している。

タインホア省で有名なのは、ベトナムを支配した胡《こ》王朝（１４００年～１４０７年）の城塞だ。１３９７年に建てられた城郭跡で、２０１１年７月にユネスコの世界遺産に登録された。胡《こ》王朝は、皇帝として即位したが、わずか7年で没落した短命王朝だった。しかし、この短期間に10～20トンもある巨石を積み上げ、縦８７０m、横８３３mという大きな石造りの砦を作り上げた。城塞の中の城は当時アジア最大であったといわれている。

15世紀に築かれた「胡朝の城塞」。ユネスコの世界遺産にも登録されている。

ユンさん　短大卒業後、日本の食文化に関心

ユンさんは、中部ダナン市のダナン大学付属技術短期大学を卒業した後、日本の食文化を学ぶため日本へ行くことを決めた。「若い時の苦労は買ってでもせよ」の格言のとおり、日本で働いて経験やキャリアを積み、自分の価値を高めたいからだった。

短大卒業後、ＫＡＩＺＥＮ吉田スクールに入学して日本の文化やマナー、日本語などを勉強した。送出機関エスハイ社のレロンソン社長は「日本での３年間は大学で勉強するのと同じように考えてください。経験や日本語、知識などを得る

写真／TAKAYUKI UEDA/a.collectionRF/amanaimages

ために、自分自身を成長させてください」と指導してくれた。

ユンさんは日本には進んだ技術があるだけではなく、規律や環境整備も非常に高いレベルで整えられていることを知った。その指導のおかげでユンさんは「日本のお手本になるところは母国に持ち帰り、ベトナムのために役に立てたい。そして、家族の生活を援助したい」との目標をたてて日本にやってきた。

【技能実習期間】

タオさん　美幌町農業協同組合で日本農業の実務を学ぶ

タオさんは2017年6月に来日し、技能実習生として北海道の美幌町農業協同組合で実習することになった。同農協は第一期実習生としてタオさんらベトナム人女性4人を受け入れた。美幌町に来て最初に感激したことは、働くことになった同組合が住宅を用意してくれて、家具も全部あり、一週間分の食料まで準備してくれたことだ。住んでいて困ることはあまりなく、勉強するための文房具や学習机なども最初から備え付けられ、移動用の自転車まで一人一台ずつ用意されていた。

美幌農協の職員は最初まだ慣れていない日本語なのに、会話を真剣に聞いてくれ、いろいろなことを丁寧に説明してくれた。春で忙しいにもかかわらず、タオさんらを芝桜やラベンダーを見せに連れて行ってくれたり、観光案内もしてくれた。

タオさんは桜が咲いて、それを見たときとても感激したのを覚えている。同農協は日本語能力試験のため教科書を用意し、遠い試験会場まで連れて行ってくれた。

同僚らと美しい芝桜を堪能（東《ひがし》藻《も》琴《こと》芝桜公園＝北海道大空町）。右から６人めがタオさん。

北海道美幌町のビートの草取り作業。右端がタオさん。

タオさんが驚いたことは北海道の冬の寒さだ。タオさんが生活する北海道オホーツク管内とベトナムの故郷とでは気温差が大きく、夏と冬では50度ぐらい差がある。最初の冬はストーブから離れられなかった。手足にもひび割れが出てきて驚いた。次に驚いたのは日本人がたくさん働くことだった。朝早くから夜遅くまで、手を抜くことなく一生懸命働いていた。工場では70歳、80歳代の高齢者も少なくなかった。

もう一つは、消費者が日本製の食品に絶対的な信頼を置いていることにびっくりして感激した。

タオさんは読書が好きなので、読書を通じて日本語を勉強している。日常会話と新聞や小説に使われている言葉が違いすぎて理解するのに時間がかかった。文章を書く時に言葉の意味や使い方を調べながらなので時間がかかってしまった。だから、3年間の実習が無駄にならないように、継続して日本語を覚えていなければならないと思っている。

タオさん　コロナで帰国できず「特定活動」に切り替え大学院進学目指す

日本で一番大きなトラブルはコロナの影響で3年間の実習を終えたのに、帰国できなかったことだ。その頃から将来は留学生になり、日本の大学院に行こうと思っていたが、1年間は帰国してベトナムで過ごす予定だった。母国に一時帰国し、家族に会いたかったのでとても寂しい気持ちになった。

結局、タオさんは実習3年を終えた後、帰国が難しくなったこともあり、在留資格を「特定活動」に切り替えた。「消費者に安全で安心な農作物を届け、環境汚染を改善したい」という目標を持って勉強を続けた。

日本での3年間の実習が無事に終了し、タオさんの父親も大学院に進学することを応援してくれた。父親は農家なので、残留農薬がどのように環境に影響を及ぼしているのかをよく見ていたからだ。

ユンさん　水産加工会社「北嶺」で日本語や日本文化を吸収

ユンさんは2016年1月、技能実習生として入国し、北海道標津町の水産加工会社「北嶺」の工場で3年間実習をした。その期間、ユンさんは日本語や日本のことなどを仕事や日常生活の中で貪欲に吸収して学んでいった。

ユンさんは実習生として標津町に配属された時、初めてたくさんの雪を見たのでうれしくなり、ちょっとだけ口に含んでみた。ふつうの味だった。北海道の自然の雄大さ、新鮮な野菜や海鮮物などにもびっくりしました。

一番感動したのは、ユンさんを迎えるために会社がいろいろな準備をしてくれたことだ。きれいな宿舎や電化製品、冷蔵庫にはたくさんの食べ物が用意されていた。また、北海道で生活する際の「冬の注意点」を丁寧に教えてくれた。いつも、会社のおばあさん、お父さん、お母さんみたいな人がそばで世話をしてくれ、ユンさんは「いつの間にか、会社のみんなが、私の二つ目の家族のようだ」と思うようになった。

特に、北嶺の先輩である三浦紀子さんは、日本語の勉強のため近場にあるお得で割安な店を教えてくれたり、またお祭りなどのイベントにも連れて行ってくれた。そのおかげでユンさんのコミュニケーション能力は格段に上がり、日本人の友だちもいっぱいできた。

外国人にとって日本での生活や仕事で一番困ることは日本語だ。ユンさんのベトナム人の友人は日本語には、ひらがな、カタカナ、漢字、そして「空気」の四つの読み方があると教えてくれた。日本人には曖昧な言い方をする人も多いので、会話で微妙なニュアンスを理解することが難しい。ユンさんは来日したばかりの外国人と話す時、簡単な日本語で身振り手振りを交えて伝えてくれるほうが助かると思っている。

ユンさん　体調不良も周囲の励ましで乗り切る

ユンさんは日本に来たばかりの頃、水や空気の違い、寒さのせいから肌が荒れるなど体調不良が続き、心も弱ってしまった。しかし、面接の時に会社に約束した3年間の実習を最後までやりきるということを思い出し、自分自身を奮い立たせた。そして、ベトナムの旧正月にあたる「テト」の時に集まった家族の写真を見て、「お父さん、お母さんを心配させないようにもっともっと頑張ってください」と自分自身を何度も励ました。職場の日本人従業員が体調不良や悩み事があるとすぐに気づいて声をかけてくれたこともユンさんを元気づけた。

ユンさんは工場で働くおばあさんたちが機械の清掃や点検の仕方などを熱心にすることを見て、日本人の本当の勤勉さを感じた。北嶺の標準工場では60歳以上で働いている人も少なくない。そして多くの日本人が相手の立場を考えながら行動していることに感激した。

【大学院生と監理団体スタッフ】

タオさん　北見工業大学大学院に進み、「安全な農産物」の研究

タオさんは2021年4月、北見工業大学大学院に進学した。現在、大学院で「環境汚染物質で悪影響を受けている環境を改善する方法」について、齋藤徹教授の研究室で研究している。大学院に通って、自分の研究に関する専門用語を覚えるのに苦労している。日本語や英語はまだまだ習得しなければならない。タオさんは大学院で研究を始めたばかりだが、実習生の経験とこれから大学院生活での研究を通して、ベトナムの消費者が今より安心で安全な農産物を食べることができるようにしていきたいと考えている。生産者が最小限のコストで、簡単な方法により農薬の問題を解決できるようにしたいと思っている。タオさんは母国の農産物などをもっと日本に輸出し、美味しい食べ物を届けるとともに、農業を通じた人の交流を活発にすることに関わっていきたいという夢がある。

タオさんは大学院に通う傍ら、東亜総研北見事務所で技能実習生の日本語支援をサポートしている。東亜総研では試験的に日本語クラスを開講し、タオさんは初級レベルの実習生に日本語学習の仕方などを指導している。大学院での研究に余裕がある時期には、実習生の宿舎を訪問し、コロナ過で入国が遅れている学生と受け入れ企業とのオンライン面談にも積極的に参加して手伝っている。

ユンさん　東亜総研北見事務所スタッフとして実習生のサポート

ユンさんは現在、東亜総研北見事務所のスタッフとして技能実習生をサポートする仕事に就いている。受け入れ企業と実習生の橋渡しをする仕事だ。そして外国人技能実習機構や出入国管理局に提出する申請書類の作成も担当し、時には技能実習生に制度や日本の法律について説明することもある。

ユンさんが担当する北見市の建設会社「北辰土建株式会社」で２人のベトナム人技能実習生が、６回目の冬を過ごした。２人は熟練した担い手として後輩たちの模範であり会社にとって不可欠な存在だ。鴨下辰哉社長は「彼らとずっと一緒仕事をしたい、一日でも長く日本にいてほしい、と思っているが、何よりも彼らが自らの家庭を持ち、幸せな人生を歩むことが一番の望みです」と話していたことを思い出す。

ユンさんは日本の父である社長の心の底から出てきた言葉だと思っている。ユンさんは受け入れ企業と実習生が実の親子のような信頼関係を築いてきたことにとても感激した。ユンさんは監理団体に勤務し実習生を指導する立場になって2年が経ち、さまざまな出来事を体験した。ユンさんが自分の仕事に誇りを持てるのは、企業だけではなく、監理団体も同じように実習生と信頼関係を結んでいることである。

ユンさんの将来の夢は、ベトナムの若い人やこれから日本を目指す技能実習生が本来の活動ができるように頑張り、そしてその手助けをし、ベトナムと日本の懸け橋のような存在になることである。まずはコロナが収束したら、ベトナムに住む両親を北海道に連れてきて、美味しい料理を食べながら思い出の場所を一緒に巡りたいと思っている。

ケーキを囲んでテトのお祝い（「北嶺」一期生と東亜総研スタッフ）。前方左がユンさん。

東亜総研　長澤薫理事「タオさんは憧れの存在」「ユンさんは潤滑油的な存在」

東亜総研の長澤薫理事は大学院生のタオさんについて「日本人と積極的にコミュニケーションをとる大切さや共同生活のことなどを、技能実習生としての自らの経験をもとに優しくアドレスしてくれる良きお姉さん。タオさんは実習生や学生にとって憧れの存在であり、目標になっている」と話す。

一方、ユンさんについては「実習生の優しく厳しい相談相手として、私どもの良き同僚として活躍してくれている。ユンさんは『実習生を守るためには実習生の味方になれない時もある』と常に公平な目線で実習生と受け入れ企業の間に立ち、実習生には日本のルールやマナーを説き、受け入れ企業の方々にはベトナム人の考え方や慣習をアドバイスしてくれる潤滑油的な存在で、ベトナム人スタッフをまとめてリーダーシップを発揮している」と語る。

作文コンクール

■しれとこ斜里農業協同組合（ＪＡしれとこ斜里）

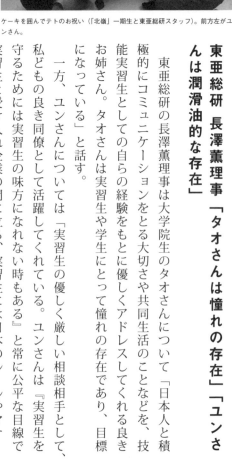

■フィン・ディ・アン・カンさん（ベトナム）

「しれとこ100平方メートル運動の森・トラスト」に寄付

東亜総研は技能実習生の日本語能力の向上のため、日本語作文コンクールを実施している。2021年の「第2回東亜総研・日本語作文コンクール」には87人の技能実習生が応募した。このうち、ベトナム南部のティエンザン省出身で、19年2月から北海道オホーツク管内斜里町のしれとこ斜里農業協同組合（JAしれとこ斜里）で実習するフィン・ディ・アン・カンさん（30）は「森林を育てる」のテーマで応募し、最優秀賞を受賞した。

第２回「東亜総研 日本語作文コンクール」最優秀賞表彰式。右がカンさん。

「森林は水を蓄えたり、生き物のすみかになったり、山が崩れるのを防いだりしてくれます。また、酸素をつくりだし、二酸化炭素を吸収して地球温暖化を防ぐ働きがあります。そんな『しれとこ100平方メートル運動の森・トラスト』のプロジェクトは、将来の危機にさらされている地球を少しでもよいものにしようとするものだと私は受け取っています」

こう作文につづったカンさんは知床の自然を守り、育てていくための「しれとこ100平方メートル運動の森・トラスト」の植樹祭に参加している。世界自然遺産・知床の秋のお祭り「知床オータムフェス」では、自分で撮影した写真のポストカードをつくって販売を担当し売上金全額を「しれとこ100平方メートル運動の森・トラスト」のプロジェクトに寄付した。

「大阪、好きやねん」チュニジア人キャリアアドバイザー

■シティコンピュータ　シェリフ・ヨスルさん（チュニジア）

チュニジア出身。6カ国語に堪能な語学の達人。大学院を修了後来日。日本語学校で学んだ後、シティコンピュータに入社。グローバルな人材採用の仕事に励んでいる。

【シティコンピュータ株式会社】

本社・東京、和歌山。1989年和歌山県にて文書の電子化やデータ入力をするBPO業務を中心に創業。国内9拠点とフィリピン、バングラデシュ、ベトナム、アメリカの国外4拠点に支社を持つ。現在は社長の代替わりに伴い、海外支社とのネットワークや外国人雇用のノウハウを活用した人材紹介・派遣業など新規事業にも注力している。

SNS活用の多言語業務

「大阪、好きやねん」

こう関西弁で言葉を弾ませるのは北アフリカのチュニジア出身のシェリフ・ヨスルさん（36）だ。ヨスルさんは現在、シティコンピュータ大阪支社（大阪市福島区）海外事業部グローバル人材コンサルティング部のキャリアアドバイザー。「日本で働きたい、転職したい」という外国人のキャリアアドバイザー業務のほか、営業が獲得してきた求人票にマッチする人材をSNSやデータベースを活用して多言語で紹介する業務を行っている。

なぜ、ヨスルさんがチュニジアから日本を目指し、そして大阪にはまったのかと聞くと、「私は宇宙人だからね」と日本語で微笑んだ。

オンラインで母国の歴史など紹介

シティコンピュータ（東京本社・東京都江東区）はチュニジアをはじめ、ベトナム、フィリピン、タイ、ミャンマー、シンガポール、バングラデシュ、ナイジェリアの8カ国の海外出身社員を抱える。国内勤務の海外出身者7人は定期的にオンラインで自国の歴史、文化、料理などを紹介し合い交流を深めている。

ヨスルさんも2021年5月にチュニジアについてのプレゼンテーションをした。

チュニジアはリビアとアルジェリアの間に位置し、北は地中海、南はサハラ砂漠に囲まれている。海が

カルタゴは紀元前1000年ごろにフェニキア人によって築かれた。

きれいな国で砂漠にはオアシスがある。ヨスルさんはチュニジアの歴史の説明でカルタゴの将軍、ハンニバル・バルカ（紀元前２４７－１８１）を紹介した。

ハンニバルはチュニジアの歴史に輝く英雄だ。第二次ポエニ戦争を開始した人物とされ、連戦連勝を重ねた戦歴から、カルタゴが滅びた後もローマ史上最強の敵として後世まで語り伝えられた。

ヨスルさんはエルジェムの円形劇場（２３８年－）、アントニヌス浴場（上写真／１４５年－１６２年）、カイルアンの大モスク（６７０年－）などの歴史建造物、チュニジアの花であるジャスミン、伝統的な服、経済状況も説明した。

最も力を入れたプレゼンテーションは、クスクス、ラブレビ、カフテジ、シャクシューカなどのチュニジア料理の紹介だった。ヨスルさんの得意料理はトマトソースをベースにした手軽なスープ料理、オッジャだ。

写真／Filip Fuxa/Alamy/amanaimages

お茶会など日本文化にも溶け込むヨスルさん。

断食「ラマダン」で感じる孤独

ヨスルさんはイスラム教徒なのでハラル（イスラム教の教えで許されるもの）しか食べられない。日本に来て困ったことは、豚肉とアルコールが禁じられているため、外食やデリバリーがあまりできないことだ。ヨスルさんはいつも自分で食材を買って、故郷のチュニジアの料理などをつくって食べている。イスラム教徒のヨスルさんにとって毎年1カ月にわたる断食「ラマダン」が一人暮らしの日本で最も孤独を感じる時だと言う。

それでも、好奇心旺盛なヨスルさんはハラル対応のたこ焼き、お好み焼きの店を見つけて工夫しながら大阪暮らしを楽しんでいる。

一つの価値観に縛られない生き方

ヨスルさんは首都チュニスでホテル勤務の父親、元ホテル勤務の母親のもとで育った。母国に父母と姉、弟はスイスに住んでいる。

ヨスルさんは子供の頃、アニメのキャプテン翼やタイガーマスクが好きになり、次第にブリーチ、進撃の巨人、デスノートなど日本のアニメにのめりこんでいった。アニメがきっかけで、日本の自然の素晴らしさ、桜の美しさ、独特の伝統文化に魅力を感じるようになった。

日本語学校の卒業式。友人との記念撮影（中央がヨスルさん）。

チュニスのマヌバ大学チュニジア校でビジネスを学び、大学院に進んでマーケティングを修めた。ヨスルさんはチュニジア語、アラビア語、英語、フランス語、イタリア語を話す語学の達人だ。修士課程修了後、チュニジアで外資系のコールセンターのチームリーダーとして働いた。語学力を生かしてフランスの顧客らにパソコンやインターネットのサポートをする仕事だった。

しかし、ヨスルさんはコールセンターの仕事に物足りなさを感じていた。できるならばグローバルな人材派遣、人材育成の仕事に就き、キャリアアップを図りたいと思った。欧州に就職する友人が少なからずいる中、子供の頃から憧れ、ロボットなど最先端の技術を持つ、飛行機の直行便で16時間以上かかる異国の地、日本で仕事に挑戦する気持ちになってきた。

「みんなと違うことをしたい。自分の知らないことを体験したい。だって自分は宇宙人だから、一つの価値観に縛られない。旅行では短いので、何とか日本に住みたい」

語学の達人も漢字に苦労

こうした思いが募り、ヨスルさんは2017年10月に留学ビザで来日して日本語学校、東京国際交流学院（東京都八王子市）に入学した。

ヨスルさんが日本に来たばかりの頃、チュニジアで日本語を少しは勉強してきたがきちんと話せず、いろいろと困ったことがあった。こうした時に、日本語学校の担当教員が履歴書を書く時など丁寧に手助けしてくれたことが忘れられない。担当教員の指導のおかげもあり、日本語能力試験N3を受験した時、1回目で合格したことはヨスルさんの大きな喜びだった。ヨスルさんは日本語も入れると6カ国語を話せるが、日本で受験した英語の試験の成績がことのほか良かったことも励みになった。

語学の達人、ヨスルさんにとって日本語で一番の難関はやはり漢字だった。他の言語はアルファベットだが、日本語はカタカナ、ひらがなに加え、5000もある漢字を全て覚えるのは難しいと痛感している。人の名前もいろいろな読み方があり、漢字は今でも難関だ。

ヨスルさんは実際に来日してみて日本の四季が母国と全く違うことに驚いた。チュニジアは寒い時期に雨が降るが、日本は暑い時期にも雨が降る。日本は梅雨の時期は雨が多いけれど、寒くないのでびっくりした。

日本では当たり前のように電車でどこにでも行ける。遠くても近くても、電車を使うことが便利だと思った。チュニジアでも宗主国のフランスでも電車は時間どおりに来ないのに、日本で電車が遅れないことに驚いた。ヨスルさんの目には電車が1分遅れたからといって気にするような国は日本しかないと映った。

一方、電車の路線や駅の乗り換えが複雑で間違って乗り過ごしたことも度々ある。日本語学校在学中、料金未払いで電気が急に止まったり、電話がかけられずに困った。現在は日本の生活にも慣れて問題はなくなったが、日本で働くことを目指す海外の後輩たちには「入国前に日本語の習得もそうだが、日本の生活習慣や日常生活に必要な交通状況などをしっかり勉強しておいたほうが、日本に来て驚かなくて済む」とアドバイスする。

やわらかいホスピタリティの高さ

ヨスルさんは日本での就職にあたり、日本企業が英語の教師かエンジニアを求めていることを知り、逆に自分はこれまでのスキルやキャリアが生かせる仕事に就こうと決意した。ヨスルさんは語学が生かせてグローバルな人材採用の仕事ができるシティコンピュータの試験に臨み、2019年4月に就職した。同社は日本で最初の職場だった。

最初は東京本社で研修を受けていたが、幅広く日本を知りたいというヨスルさんのたっての願いで大阪支社の勤務となった。ヨスルさんがシティコンピュータで達成したいことは日本で働く外国人のサポートや求職者の基礎データを完成させることだ。

川原雅友社長はヨスルさんについて「語学が堪能であり、かつ日本語を活用しての日本語でのコミュニケーション能力が非常に高い。頭の回転が早く、チームの方とのキャッチボールがとても上手です。ヨスルさんへは、やわらかいホスピタリティの高さで仕事を探している方へのサポートや扱える言語が多いので、日本で働く外国籍の方への母国語でのサポートに期待します」と語っている。

来日して４年になるヨスルさんは、常に努力を惜しまず、誰かが困ったら助けるチームワークに優れた日本の企業文化に感心する一方、自分の考えをはっきりと主張しない日本のコミュニケーションに戸惑うことがある。その点、ヨスルさんが日頃接する大阪人は関西弁でフレンドリーに自分の考えを伝えてくれるのでつきあいやすいと感じている。仕事内容から東京本社勤務も可能だが、「せっかくユニークな言語、関西弁を覚えてきたので、当面は大阪支社で仕事をしたい」と笑う。

ヨスルさんの夢は世界中を旅行することだ。母国のチュニジアには、日本に来てから一度も帰っていない。コロナが収束したら、多くの国々を旅行して見聞を広めたいと考えている。

「優秀外国人建設就労者」表彰のベトナム人実習生

■向井建設　グエン・タン・クウィンさん（ベトナム）

ベトナム出身。ベトナムでの事前教育訓練を修了後、型枠技能実習生として来日。６年目に国土交通省が選ぶ優秀外国人建設就労者に選出。現在、特定活動建設就労者。

【向井建設株式会社】

創業以来113年、躯体工事業一筋に誠心誠意ものづくりに取り組む企業であるとともに、経営トップの思いとして「明るく、元気に、逞しく」を掲げ、次世代を見通す企業経営を続けている。代表を代表取締役会長・向井敏雄が勤め、技能実習生の受け入れ事業を1989年より立ち上げ、現在ではベトナムからの実習生を受け入れている。監理団体の企業連合協同組合は本部・東京、北海道、名古屋、大阪、福岡事務所。代表理事・溝口大海。「アジアの人材づくり」を目指して2007年設立。主な事業は外国人技能実習生受入れ事業など。

２０１２年から来日前の「職人」教育

技能実習生・特定活動建設就労者の社内旅行（日光東照宮）。

ベトナムから来日して数年で、国土交通省の審査で、技術力はもちろん、日本語でのコミュニケーション能力を含めて評価し、優秀外国人建設就労者３０００人の中からトップ５の一人として表彰された実習生がいる。

ベトナム・ハティン省出身のグエン・タン・クゥインさん（33）だ。彼は２０１２年9月1日に、来日し、向井建設（本社・東京都千代田区）に型枠工として入社した。向井建設は12年以降、ベトナムから１２８人（21年8月現在）の実習生を受け入れている。

12年から来日前の技能実習候補生に4カ月間、日本語、建設用語、技能訓練のサポートを実施している。この事前教育は、鳶《とび》、型枠、鉄筋の躯体の三工種が中心で、受け入れ企業の要望により機械施工、左官、保温断熱に関するオーダー教育も行っている。

この教育は、同社がベトナム側の送出機関から日本の技能教育訓練を委託され、各工種別日本人職長をベトナムへ派遣し技能教育のサポートを行っている。日本人職長が講師として日本語で説明する内容を日本で同社の技能実習（3年間）を終えたサブ講師（帰国ベトナム人実習生）がベトナム語で通訳して技能実習候補者に伝えている。

最近では日本人職長に代わって、高度な技能を習得したベトナム人元実習生が講師として、直接技能教育を担当している。

建設業界の専門用語に困惑

クウィンさんはベトナムでの事前教育訓練を修了し、向井建設の型枠技能実習生として来日した一人だ。彼の事例は向井建設の海外人材教育モデル事業として一貫した人材育成理念に基づく教育成果が顕著に表れた結果だと言える。

彼が来日するきっかけになったのは、小学校の教科書で日本のことを知り、興味を持ち、次第に日本の文化や人々の考え方、高度な社会基盤に対する憧れが募り、いつの日か日本に行くことを夢見ていた。

しかし、子供時代からの夢はかなったとはいうものの、多くの苦難が待ち受けていた。それは彼に限らず外国人実習生のほとんどが来日後まずぶち当たる壁だった。施工《せこう》現場に入って、日本の職人と日本語で複雑な仕事に関するコミュニケーションを取るのは並大抵の努力では追いつかなかった。現場では「でかい」「ヤバイ」から始まって、クレーン操作の「ゴヘイ」（巻き上げ）、「スラー」（巻き下げ）という日本人の職人が動きを指示する言葉が飛び交う。チンプンカンプンだった。

さらに、「コサゲ」（少し下げる）、「コアゲ」（少し上げる）、道具の「シーリング」（開閉式ネットを止

壁型枠の建て込み作業

型枠解体後の型枠材ケレン作業。

めるカラビナ）や「コラムステージ」（鉄骨のジョイント足場）も初めて耳にした。

しばしば落ち込んだ。彼は寮に帰った後、ベトナムの母親に電話をかけた。母親はいつも「クゥイン、我慢してね。最後まで頑張りなさい。信じているよ」と励ましてくれた。

その後、現場にも慣れ、職場言葉はどんどん上達し、日常会話は滑らかにできるようになった。日本人流の行動パターン、考え方を実践で覚え、まねするだけではなく、仕事に責任を持ち、会社や社会へ貢献する精神を忘れない日本人スピリットも理解し始めた。特に安全面では、緊急な指示でも慌てずに、まず安全を確認してから作業をするという安全第一が鉄則であることをしっかりたたき込まれた。

休憩時間になると、働く仲間と冗談を言い合ったりしているうちに、日本人、ベトナム人という隔たりも次第に薄らいできた。

入国6年後に全国3000人中のトップ5

その後、クゥインさんはめきめき力を付け、来日6年後に国土交通省が選んだ全国3000人の中から、優秀外国人建設就労者のトップ5の一人として表彰された。これは受賞者が受け入れ企業から、人として、技能者としてどれだけ認められているか、日本人とも比較され、受け入れ企業への貢献度を審査するものだ。

次に受賞者自身が技能向上のために、日夜どれほど努力し、その努力がどれほど認められているか、さらに、日本語能力も日常会話から、現場での意思の疎通まで不自由がなく、日本人と同等に意見具申できる能力を持ち、日本の社会へどれだけの貢献をしているかなども審査基準の一部として加味され、最終的に日本全国にいる外国人就労者３０００人の中からトップ5の一人に選ばれた。

この授賞は向井建設の名誉でもあり、他の実習生の模範になっている。受賞後、現場の評価はさらに高まり、日本人と区別されることなく、現場のベテラン職人からも一目置かれるようになった。また、クゥインさん自身はコミュニケーション力をもっと向上させたと思い、日本語学習にそれまで以上に集中し、ついに日本語検定2級を取得した。

向井建設の安全大会でも安全優良賞を受賞。

「現場で使われる日本語」テキストを作成

さらに彼は寮でも「現場で使われる日本語」を彼自身の経験を踏まえてテキストとしてまとめ、後輩に対して、研修の講師役を務め、一回の授業で5つ程度の単語を使う場面を例に挙げて教えている。来日して日が浅い技能実習生の現場日本語レベル向上に大いに役立っている。現場ではベトナム人は言うに及ばず日本人新入社員へ教育を兼ねた訓練を積極的に行っている。ゆくゆくは日本で学んだ技能実習生たちと一緒に、ベトナムの発展の礎になりたいとの思いで、後輩たちへの指導に貢献した。

大手ゼネコンからも評価される技能力

優秀なのはクゥインさん一人ではない。彼に続く鳶のファム・バン・フォン（46）は日本人同僚と伍して社内技能オリンピックで銀メダル。グエン・チ・コオン（28）は超大手ゼネコンの施工現場で鉄骨鳶としての高い技能力と安全面が評価され表彰された。また、同社は技能実習生を中心とするモデルチームを編成して施工作業を行い、施主はじめ現場関係者から高評価を得て、現在まで施工依頼が継続している。向井建設や超大手ゼネコンにとって、施工現場に欠くことのできない人材が数多く育っている。

クゥインさんらの活躍について、向井建設の小見田安人・土木直轄施工部長は「クゥイン君は土木型枠施工の技能実習生チームのリーダーとして7人の技能実習生を率いて、臨海道路などの現場施工に従事し、段取り、人員配置、安全、施工の各セクションの管理を実践し、期限内に施工を完了してくれました」と評価した。

また同社の富崎信介・国際交流推進室課長は次のように語った。

「現在はベトナムで、日本語教育、技能実習を4カ月間におよぶ事前研修を行っています。研修の成果を確認するため毎週、さらに月末にテストを行い一定の成績に達しなければ、退校させることもあります。また、規律や規則を守らず、チームワークを乱す実習生も退校させます。このように厳しい研修を無事終了した技能実習生は来日後も優良な実習生として各企業で実習活動に従事しています」

帰国して日系建設企業のスーパーバイザーが夢

技能実習は来日後の教育に主眼が置かれているが、時間的な制約があり、日本側が期待している結果を早急に出すことは難しい。向井建設の監理団体である企業連合事業協同組合の半崎一広専務理事は「技能実習を日本側の定めた趣旨に沿わせるには、同社がサポートしている現地での事前教育をさらに充実させ、来日後の技能実習にスムーズに移行し、技能実習者の能力向上を図っていかなければならない」と考えている。

半崎氏はベトナム帰国後に日本で取得した技能資格を生かし就職できる建設企業が確保できていれば、技能実習中に日本語や技能習得レベルが高くなればなるほど、彼らの就業意識は高まり、学習意欲が向上すると考え、「ぜひベトナム政府の強い主導により優秀な技能実習修了者の現地優良ゼネコンへの就職先確保や日系ゼネコンが現地工事を受注する際の条件として一定人数の技能実習修了者雇用をお願いしたい」と訴えている。

クゥインさんは将来、ベトナムの日系建設企業に就職し、スーパーバイザーとして母国の建設現場で働きたい、と夢を膨らませている。

地域の顔として国際交流活動

■協同組合福岡情報ビジネス　コン・バン・バックさん（ベトナム）

ベトナム出身。工業専門学校を卒業後、溶接の技能実習生として来日。実習満了で帰国後、再来日、九州産業大学に留学。現在は、技能実習、特定技能支援機関スタッフとして勤務。

【協同組合福岡情報ビジネス】

本部・福岡。代表理事・藤村勲。1989年11月14日設立。組合員数868社。主な事業は外国人技能実習生受入れ事業、特定技能外国人受入れ事業、ETCカード事業、損害保険代理店事業、共同購買事業など。

日本の造船に興味を持って来日

ベトナム北部バクザン省の出身のコン・バン・バックさん（36）は、川が近くにある村で生まれ、小さい頃から川で漁をし、販売している父の仕事を見ながら育った。小さい時から魚に愛着を持っていたバックさんは、大きくなったら、自分で大きな船を造るという夢を持っていた。その夢を実現するため地元のバクニン工業専門学校へ進学した。専門学校で溶接を勉強した時に世界の船の半分を日本が造っていることを知り、日本に興味を持った。このことがきっかけで、２００８年に溶接の技能実習生として来日した。長崎県西海市の大島造船所での３年間の実習は、バックさんにとって辛かったこと、嬉しかったことなどいろいろな思い出がある。

実習先の工場と寮は島にあったので、母国との連絡手段は現在と違ってごく限られた手段しかなかった。家族に連絡する時は高い金額の公衆電話でしか連絡できなかった。最初の数カ月は慣れずに、家族との連絡には本当に苦労した。電車に乗るのに、目的地までの駅の数を数えてもらって乗っていたが、間違えて快速電車に乗ってしまい、相当先の駅まで行ってしまったことが数回あった。

大運動会で交流の輪を広げる

その辛い時を乗り越えるため、一生懸命技術を学び、中国人実習生、地域の人々と交流しながら、生活での楽しみも探した。休日は中国人実習生と一緒に卓球をしたりして中国語も少しずつ覚えた。

会社の日本人にも積極的に話しかけて、日本人の友達も次第にできた。みかん畑を持っている日本人社員のみかんの収穫を手伝ったことで、その社員の家に呼ばれて食事をしたり、日本の習慣を経験したりした。

バックさんは毎年、会社や地域の方々との大運動会に参加し、地域の人々と交流もした。2010年7月、バックさんを含めたベトナム人実習生3人、中国人実習生3人、地域の人々を合わせて20人近くでチームを組み、西海市大島のペーロン大会に出場した。ペーロン大会とはペーロンという細長の船の両側に人が座り、各人1本のオールを漕いで速さを競う競技だ。結果は予選落ちになったが、その後、地元の公民館でチームメンバーと地域の人と一緒に食事をし、バックさんは初めて本格的な寿司の食感を体験した。

再来日し九州産業大学に留学

バックさんは10年12月に実習満了で帰国したが、ベトナムはリーマンショックの影響で厳しい経済状況だった。バックさんは大島造船所ではリーマンショックの影響が少ないと聞き、日本に改めて興味を持ち、再来日した。バックさんは13年1月、大学に進学するため宮城県仙台市にある日本語学校に入校した。実習生として3年間、日本で生活した経験があったが、留学生の生活となると異なったことが多くあった。

まず、仙台市の冬の寒さに驚いた。長崎県よりも仙台市の気候が厳しいのだ。12月から3月にかけて、ほとんど雪が降っていた。さらに、2011年3月11日の東日本大震災が起きた後だったが、その後も度々地震が起き、不安な毎日を過ごした。

仙台市の日本語学校は入学しやすかったという理由で選んだが、大学は実習生の時に過ごした九州の福岡市にある九州産業大学を選び、14年4月に進学した。大学ではベトナム人留学生会の会長に就任し、地域との交流やボランティア活動にも力を入れた。日本語学校や大学の生活は以前の技能実習時の生活と違って、世話をしてくれる監理団体が存在していないため、困ったことがあっても相談できるサポーターがいなく、大変だと感じた。

バックさんは大学1年生の時、アルバイト先を探すため、福岡留学生サポートセンターにアルバイト希望を申し込み、協同組合福岡情報ビジネスを紹介してもらった。アルバイトの内容は、組合の教育センターでの講習の通訳や実習生を受け入れている企業への訪問指導の通訳だった。教育センターは実習生が日本に来て初めて生活するところだから、1カ月程の期間だが実習生にとって印象が強いところだ。教育センターでは、日本の法律や文化、マナーを伝えることの大切さを学び、監理団体の仕事にやりがいを感じた。

組合の委員会メンバーとして活動

バックさんは18年4月にアルバイトをしていた協同組合福岡情報ビジネスに社員として就職した。現在、技能実習における監理団体、特定技能における登録支援機関のスタッフとしての業務を行っている。仕事の内容は、まず、担当している受け入れ企業に毎月1回以上訪問して、実習指導員や生活指導員の方々から実習状況を確認することだ。実習生とも会社の食堂や寮で面談する。その時、日本語が上手になった実習生に秘訣を聞くと、日本人社員と一緒に昼食をとり、よく話をしているなど毎日の積み重ねだという。

受け入れ企業の方からは、実習生の些細な変化を心配されて母国語でヒヤリングを頼まれることがある。自転車の乗り方やゴミ分別、寮の掃除で指導を行うこともあるが、実習生はきちんと話をすれば理解してくれる。次に、3カ月ごとの監査がある。

組合の監査担当者が同行して技能実習が計画どおり進んでいるか、賃金台帳を借りて勤務表やタイムカードと照らし合わせて正しく計算されているか、長時間労働が行われていないか、不当な取り扱いを受けていないかなどを確認し、その結果を技能実習機構に報告している。その他、技能試験や日本語能力試験も実習生にとって大事だから企業と協力して行っている。また、組合には5つの委員会があって、バックさんは巡回監査向上委員会と品質向上委員会のメンバーになっている。

SNSを利用して安心できる環境づくり

最近は、SNSを利用して実習生たちが安心して実習に励める環境を作っている。例えば、組合の実習生は1400人程いるが、フェイスブックやウイチャットでつながっているので、病気などいつでも相談できる窓口だ。以前、大雨で避難指示が出た時には安全かどうか呼びかけたら、皆さんがすぐに返事を返してくれて安心したことがあった。日本の大事なニュースをベトナム語で分かりやすく伝えるなどの仕事もある。

品質向上委員会では、コロナ禍で外出を自粛している実習生のためにさまざまな工夫に取り組んでいる

担当する企業で実習生と面談し、安全作業について説明するバックさん（中央）。

ところで、最近では、組合がプレゼントしたサッカーボールとバドミントンラケットを使ってサッカーのリフティングとバドミントンのラリー動画の募集を呼びかけたところ上手な動画が集まった。賞品にお米などたくさん贈ったところ日本人社員にも配ったと聞いている。企業での交流に役立ったのではないかと思っている。

バックさんにとって実習生は自分の弟妹のような身近な存在だから、希望を持って来日する実習生のために力を尽くしたいと思っている。実習生の実習期間が有益な時間になるよう頑張りたいと思っている。

新型コロナウイルス感染の影響で20年末から21年初めにかけては海外からの入国が東京の空港に限られたために、福岡の教育センターに入校してもらうのに東京から福岡まで車で迎えに行くなどのコロナ対策も行っている。

最近一人の実習生からバックさんに電話があった。

夫婦で太宰府天満宮を参拝。

「特定技能になりたいと思っているので会社の人に聞いてもらえますか、私が特定技能になってもバックさんは今までのように世話をしてくれますか」という相談だった。

バックさんは、特定技能制度の登録支援機関としても、技能実習生へのサポートを同じように行っていることを話した。バックさんは、留学生として再入国した時に不安に感じたことを思い出し、技能実習生が困らないように、始まったばかりの特定技能制度のこともしっかり覚えようと思っている。

夫婦でベトナム文化紹介の国際交流

18年6月、妻のタムさん（35）が家族滞在の在留資格で来日した。日本語はもちろん、日本文化、習慣もベトナムとは異なっている。交通ルールも違うし、買い物の時、お金の計算も難しく、生活になれるまでに大変だったようだ。地域に溶け込むため、大《おお》野《の》城《じょう》市《し》国際交流協

仲間や実習生らと大野城市国際交流協会でボランティア活動も行っている。

会の「ことばの交流ひろば」教室に参加させ、日本語を学び、地域の先生方と交流もしている。タムさんは自宅へ地域の方を招いて得意なベトナム料理をふるまうなど楽しみながら交流している。

20年7月から自宅の近くに大野城市から農園を借り、パクチー、空心菜、レモングラスなどのベトナムの野菜を栽培し、農園内で野菜を作っている日本人の方々から日本の野菜の作り方を学んだ。その方々から日本の野菜の苗をもらったり、畑でできた野菜などをみんなにシェアしたりして交流している。

家族滞在に来日した妻とともに夫婦で大野城市の国際交流活動に積極的に参加している。19年11月「まどかフェスティバル」が開催され、イベントの一つとしてベトナムの伝統的な衣類を披露し、ベトナム料理のフォーの店を出した。大勢の人々に来店してもらい、ベトナムの文化を紹介することができたと思っている。

バックさんは子供３人を就学のため母国ベトナムに残

し、両親が面倒をみてくれている。長女は小学校3年生、双子の息子たちは幼稚園に通っている。ベトナムでは祖父母が子育てすることは珍しくなく子供たちもすくすく成長している。毎日、スマホで顔を見て話をしているが、子供たちは日本のことに興味があるので、いろいろと話しかけてくる。子供たちからベトナム語で「お父さん今日は何を食べますか」と聞かれ、バックさんが思わず日本語で「たまご」とか「さかな」というと聞きとってくれている。日本語を少し覚えているようだ。

バックさんは「子供たちに私の希望を押しつけることはしないつもりです。ただし、子供たちが成長していく段階で自立心を持って、世の中に出て活躍できるよう支援していくつもりだ。できれば、大学生の時は日本に留学し、日本の優れた文化や学問に触れ、吸収してもらいたいと考えている」と語る。

日本と「ライチの故郷」バクザン省の懸け橋に

両親と子供3人が住むバクザン省は「ベトナムのライチの故郷」といわれ、毎年ベトナムの90%の生産量を示している。しかし、バクザン省で生産したライチのほとんどが国内で消費されるか、中国に輸出されるかだ。バックさんは今後、バクザン省のライチを日本人の消費者に紹介できるように計画したいと思っている。

さらに、バクザン省には国際空港があり、中国との国境、港から近い立地で工業団地が集まっている。このため、バックさんはベトナムへ進出している日本の会社とバクザン省の懸け橋になりたいとも考えている。

日本はベトナムと同じアジアの国であり、仏教を信仰している人が多い。食文化についてもよく似ている。主食はお米で、お米から作られた食べ物が多い。バックさんは、ベトナムはまだ発展途上国で、経済を発展させるためには日本のような先進国の技術を修得し、さらに進んだ法律や制度の導入、インフラの整備が必要だと考えている。現在、留学や技能実習の在留資格として在日しているベトナム人は44万人以上いる。日本とベトナムの貿易関係も緊密で、ベトナムに支出した日本の政府開発援助（ＯＤＡ）は最も多くて、現在では日本の２０００近くの企業がベトナムへ進出している。バックさんは「歴史的に、ベトナムは日本を手本に近代化を進めようとしました。今後も、友好関係を維持しながら、お互いに発展していくことを期待している」と語る。

日本語通訳の夢を見据えて取り組む実習

■新光電気工業　レー・ティ・チャ・リーさん（ベトナム）

ベトナム出身。大学で人類学を専攻していたが中退して技能実習生として来日。先輩実習生から会社の環境、雰囲気を聞き、新光電気工業に入社。日本語通訳を目指している。

【新光電気工業株式会社】

半導体パッケージの開発・製造を行う総合メーカー。本社・長野県、代表取締役社長・倉嶋進。設立1946年。国内12拠点、海外21拠点、社員数5,060名（連結、2021年３月末）、売上1,880億円（連結、2020年度）。半導体の実装分野をトータルにカバーする幅広い製品群と技術を有し、世界各国の半導体メーカーとビジネスを展開。

ベトナムの風習で失敗談

「来日したばかりのころ、ベトナムの風習でパジャマのままで外に出てしまい、それを見た日本の子供に笑われてしまいました」

長野県の新光電気工業（長野市）で実習するレー・ティ・チャ・リーさん（21）は来日直後の失敗談を笑いながら話す。技能実習生として入国したのは２０２０年１月、ちょうどコロナが蔓延し始める直前だった。

現在は同社製造部検査課に所属し、電子製品を検査する仕事をしている。来日して1年半以上経った今も、ベトナム人の先輩から来日前に聞かされていたような地元のお盆祭りや雪山でのスキーにはコロナの影響で行けていない。

ただ、リーさんの表情からは悲壮感のようなものは感じられない。もしコロナが落ち着いたらどこに行きたいかと問うと「東京ディズニーランドか、大阪のユニバーサル・スタジオ・ジャパンです」と即答し、「大好きなうなぎとお寿司のまぐろが日本で食べられて幸せ」と屈託なく話す現代っ子だ。気負わず、それでもしっかりと自分の将来のキャリアを見据えて実習と日本語学習に取り組むリーさんの足跡を辿ってみる。

人類学専攻するも中退し技能実習生で来日

リーさんはベトナム中部のダクラク省の出身だ。ダクラク省はベトナム有数のコーヒーの産地。山や湖、滝など自然が豊かな地域としても有名である。リーさんの両親は農業関係の仕事をしている。

18歳の時に、自分の将来のキャリアを考えて、一流大学であるベトナム国家大学ホーチミン市人文社会科学大学に進学し、人類学を専攻した。人類学を専攻したのは人間について多方面から学びたかったからだ。初めて両親のもとを離れてのホーチミン市での生活では、たくさんのことを経験し、学び、新しい人生を歩みたいと思っていた。

しかし、大学生活の一年目、自分が思い描いていた方向性とプログラムとが違うと感じ始め、このまま続けたら、３年後の自分がどんな人間になっているのかということに不安がよぎった。

そんな時に、カナダやオーストラリアへ留学していたリーさんの友人を通して、日本で技能実習中のベトナム人を紹介してもらった。日本がアジアの中で最も発展した先進国の一つであり、日本人の働き方について優れた点がたくさんあると聞いた。

リーさん自身もカナダへの憧れは持っていたが、英語が苦手であったこと、さらに安定した収入も得られることから、日本の技能実習にチャレンジしたいと決心し、大学を中退して心機一転技能実習を目指すことにした。

監理団体が企画したボウリング大会の集合写真。技能実習生や日本人社員が交流を深めた。

先輩の職場紹介に胸を打たれて入社

リーさんにとって、それまで特に日本に強い思い入れがあったわけではない。日本の漫画やアニメが有名なことは知っていたが決して大好きというわけでもなく、きれいでゴミも落ちていない町並みという漠然としたイメージを持っていただけだ。

当時すでに新光電気工業で技能実習中だった5歳年上のグエン・ティ・アインさんが職場の雰囲気や労働環境をはじめ、仕事以外での生活についても教えてくれた。給与や待遇はもちろん大事だが、リーさんの背中を押したのが、先輩実習生たちに対して会社が素晴らしい歓迎会を開いてくれて心底感激したという話だった。

せっかく日本に行くなら東京や大阪といった都会で働いてみたいと思っていたリーさんも、そういう環境ならと新光電気工業での技能実習を希望した。

リーさんにとっても安定した収入は当然目的の一つではあったが、なによりも自分の成長のためという強い思いがあり、やりたいと思うことを頑張ってほしいと両親が日本へ行くことを応援してくれたことも大きい。

長野の方言を乗り越えコミュニケーション

無事面接に合格してから来日までの5カ月間で既に日本語能力試験N4を取得するほど、リーさんは優秀な人材だ。そんな彼女でも、来日当初の日本語には苦労したという。どの外国人にも共通するが、日本人の会話のスピードの速さ、そして決して教科書には出てこない長野県の方言に戸惑った。

「長野では『捨てる』ことを『べちゃる』と言うんですよ」

リーさんは具体的な例で方言の難しさを示す。

ただここでもアインさんをはじめとしたベトナム人実習生の先輩たちに助けてもらい、乗り越えることができ、コミュニケーションがとれるようになった。

新光電気工業の職場の日本人社員の協力も、来日当初のリーさんを心強く支えてくれた一つだ。職場では、仕事の内容についてはできるだけ簡単な日本語を使って、日本人が我慢強く何回も説明してくれたり、難しい言葉はメモを作ってくれたり、彼女の日本語レベルを理解してそれに合わせてくれた。たとえリーさんが日本語を間違えて使ってしまった時も、周囲の仲間が放置せずその度にきちんと直してくれた。

外国人が言いたいことを日本語でうまく表現できずに、意図が伝わらなくて誤解を生んでしまうことも多いが、そんな時でも「その言い方は相手を不快な気持ちにさせるからね」とはっきりと教えてくれるなど、職場のみんなが常に日本語の先生となってくれていることをとてもありがたく思っている。たまにリーさんが日本語の文法を忘れてしまって単語ばかりで話していても、職場ではそれを分かってくれて楽しい時間を過ごせたことで、リーさんもどんどん積極的に日本語を話すようになっていった。

こうした職場のバックアップ態勢は、新光電気工業が従業員任せでなく、会社全体で技能実習生をサポートする雰囲気をつくり出していることが非常に大きい。その一例が、部長・リーダークラスが定期的にベトナム語の講習を受けていることだ。ベトナム語の通訳が作ったテキストを使って、決して深いコミュニケーションが取れるわけではないが、挨拶や数字など、簡単なベトナム語を学んでいる。

ドリアンと納豆を互いにごちそう

リーさんが初めて臨んだ朝礼で日本人社員が「ＸＩＮ ＣＨＡＯ（シンチャオ、こんにちは）」とベトナム語で挨拶をしてくれた。リーさんはとっても嬉しかった。同社の同僚はベトナム語だけでなくベトナムの文化についても理解をしてくれようとした。

ベトナムが好きな日本人社員は、リーさんとお互いの国の文化や料理、歌などについて紹介し合う交換日記をつけている。以前、この社員らをリーさんのアパートに呼んだ時は、日本の納豆とベトナムのドリアンをごちそうしあうという遊びもした。

リーさんはドリアンの臭いへの日本人社員のリアクションを見てとても楽しかった。リーさんは「こうした食べ物交流はお勧めです。はじめは苦手だった納豆も今では朝食に生卵と混ぜて食べるんですよ」と自慢げに話す。リーさんは食べ物ばかりでなく気候にも適応性がある。ベトナム南部出身なら長野県の寒さはつらいはずなのに、「寒いところは大好きです。何も問題ありません」とけろっとして答える。

N1合格を目指し日本語習得に全力

ベトナムから日本を目指す技能実習生の後輩には「やっぱり日本語、できるだけ単語を覚えること」とアドバイスする。リーさんの場合は、来日前にN4を取得していたこと、そして実習先の先輩と来日前から連絡を取り合い、仕事内容、会社や同僚の雰囲気、生活環境について事前に確認することができ不安を最小限にできたことが、2年目ですっかり落ち着いて実習に取り組めている理由だからだ。

リーさん自身、せっかく日本まで来たのだから、将来の自分のキャリアのために改めて日本語の勉強を頑張ることを決心し、今はN2の合格に向けて空いている時間に日本語をはじめ日本の文化、また日本人についても勉強を重ねる日々だ。実習2年目、時間が経つほどに日本のことが好きになっており、このままできるだけ長く日本に滞在して誠実で細やかで勤勉な日本人の生き方、働き方を見習いたいと考えている。リーさんの将来の夢について「日本語をもっと勉強して通訳になることです。何とかN1合格を目指したい」と明るく語った。

メディカル給食業界のロールモデル

■富士産業　ヴォ・ティ・リーさん（ベトナム）

ベトナム出身。高校卒業後、技能実習生として来日。ベトナムで人気の食品産業の実務を学ぶため富士産業に入社。現在、福岡県の産業医科大学の給食サービスで働く。

【富士産業株式会社】

本社・東京都港区新橋。代表取締役・中村勝彦。1972年に創立し、業界のパイオニア企業として、医療・介護福祉・学校給食・社員食堂分野における食事サービスの提供をおこなっている。事業所数1875箇所、従業員数１万7901人。外国人技能実習生は2019年11月から受入れを開始し、現在の在籍人数は116人。

両親から寛容に接することを学ぶ

２０１９年10月に技能実習生としてベトナムから来日したヴォ・ティ・リーさん（21）。医療・介護福祉食事サービス「富士産業」（本社・東京都港区）が給食サービスを受託している産業医科大学病院事業所（福岡県北九州市）で、医療・福祉施設給食製造の仕事に就いている。一般的な敬語だけでなく謙譲語まで使いこなすほどの高い日本語能力で、職場では良好な人間関係を構築し、日本人従業員からは「日本人のわび、さびを理解できる貴重な存在」と評価されている。

リーさんは、卸売業で生計を立てる両親の長女としてベトナム北中部ゲアン省で生まれた。学ぶことが大好きで好奇心旺盛な性格で、小学校時代から真面目に宿題に取り組んでいた。

両親からは「異なる意見を持った人に寛容に接すること」「嘘をつくのは悪いこと」を教わった。両親の教育もあり、芯があり、人を受け入れる性格が培われた。

高校卒業後は大学進学を考えていた。一方で、海外で多くのことを学びたいという強い気持ちに突き動かされ、日本での技能実習に挑戦することを決めた。日本で学びたいと思ったのは日本にベトナム人の友人が多くいることだ。日本で得た知識や経験をベトナムで生かして会社を立ち上げ自営業を営んでいるベトナム人、日系企業で働いているベトナム人を目の当たりにしていたので、自然と日本で学びたいと思うようになった。

まだ高校を卒業して間もない時期だったのでリーさんの両親は心配していた。しかし、リーさん本人が日本で学びたいとの強い気持ちを持っていることを知り、行き先が日本であれば安全、安心だと判断し、結局はリーさんの考えを承諾した。

リーさんは近所に住む知人の紹介で送出機関「ベトコムヒューマン」（本社・ハノイ市）を知り、当時募集が行われていた富士産業の医療・福祉施設給食製造の求人募集を見つけ、「この仕事だ」と思った。

母国の役に立つ日本の「食品知識」

今、ベトナムで最も人気がある職種の一つは食品産業だ。日本の食品業界は安全や衛生基準が高いので、リーさんは将来必ずベトナムで役立つことを学べると思っている。また、医療・福祉施設給食製造は新しく認定された職種であり、食品製造の中でも新しい職種の技術・技能を得ることができれば、ベトナムに戻った後も活躍の場が増えると考えている。

リーさんは第一希望だった富士産業の面接は緊張したが、「頑張って絶対に合格したい」という強い気持ちで臨み、見事合格となった。99人の候補者から34人のみが合格した。合格発表の最後に「96番 リーさん」と呼ばれてとてもうれしかった。面接での質疑応答をはじめ、全ての記憶が鮮明に残っている。ベトナムの両親は、リーさんの合格を信じていたものの、報告を受けた際は本当にうれしかったと振り返る。

送出機関の担当教員はリーさんの印象を「いつも真面目に授業に参加し、学ぶことへの強い気持ちが感じられた。将来の目標を定め、それに向かって努力を惜しまず、活発さと利口さを併せ持っている。大勢の前で発表をするなどコミュニケーションにも長けていた」と評している。リーさん自身は、日本語は世界の中でも難しい言語といわれていることもあり、ベトナム語と語順や発音が大きく違うので、すぐには語彙や文法、ひらがな、カタカナ、漢字を覚えられず、習得が辛いと思ったこともある。

福岡の方言が聞き取れず、ホームシックも

日本へ入国後、外国人材採用・育成コンサルティング「ワールディング」（本社・東京都新宿区）が運営するアジア人財キャリアデザインセンター（東京都世田谷区）での入国後講習を終えた後、福岡県に配属となった。

飛行機で到着した初めての博多の景色はとてもきれいで、海と福岡タワーのコントラスト、澄んだ空気、海の香り、全てが新鮮で輝いて見えた。ＪＲ博多駅近くで目にしたクリスマスの豪華なイルミネーションがとてもきれいで感動した。日本に来る前、インターネットを通じて福岡県についても調べていたが、実際に福岡県で見た近代的な建物や都心部の景色は想像以上だった。

配属後に驚いたのは、勉強した日本語と違う福岡県の方言だった。発音や言い回しを必死で聞き取ろうとしたが意味を理解できず、非常に苦労した。実習開始当初は慣れないことが多いうえに、家族と離れ離れで迎えたベトナムの旧正月にあたるテトの時期は、特に寂しさが募り、ホームシックになった。

ベトナムのテトは、家族全員や近所の親しい友人が集まる、ベトナム人にとって1年で最も重要で大切なイベントだ。リーさんは生まれて初めて家族や古くからの親しい友人と離れたため、テトを一緒に祝うことができず、ホームシックになってしまったのだ。実習先でまわりの職員がいつも気にかけて、優しく

丁寧に指導してくれたことで、リーさんは仕事にも次第に慣れ、方言を交えた日本語の会話もできるようになった。入国から4カ月を過ぎると、だんだん寂しさがなくなった。

日本語作文コンクールで感謝の気持ち

リーさんが公益財団法人国際人材協力機構の主催する作文コンクールに応募した作文は、社内報で取り上げられた。作文の題名は『皆さん、ありがとう』。作文には、入社からそれまで周囲に親切にしてもらいながら、医療・福祉施設給食製造という職種の大切さ、楽しさを教えてもらったことへの感謝の気持ちがつづられていた。

〈この仕事は、常に安全と正確さを求められます。栄養管理も重要です。患者様の命を背負っているという気持ちで、1人1人が責任感を持ち仕事をすることの大切さを教えて頂きました。また、患者様に美味しいと言って頂ける食事を提供することができ、治療の一部分を担うということに喜びを感じます〉

作文を読んだ企業関係者は、「感動しました」、「読んでいて涙が出ました」と絶賛した。

入国からわずか1年で日本語能力試験N3に合格、1年半後にはN2へ挑戦した。会話力でいえば、現場責任者から「外国人ということを意識しないで話している」とまでに言わしめるほどの実力が身についていた。時には日本人の知らない難解な熟語を話し、周囲が戸惑うこともしばしばだった。

「ご都合がよろしければ、日曜日でもかまいませんでしょうか」。

「明日は何時に来られますか」

「こちらこそありがとうございました」

「いつも心配してくださり、ありがとうございます」

このような敬語もぽんぽんと出てくるその会話力に、周囲は驚かされている。日本語能力だけでなく、まわりの日本人や実習生仲間から信頼もあついリーさん。

それは彼女本来の素質はもちろんだが、その素質を引き出し、磨き上げているのはまわりの職員や職場の環境であることは間違いない。安心できる環境、親切に熱心に指導してくれる会社、そして、「期待されている、愛されている、助けてくれる」、その意識がより高みを目指すリーさんの志につながっている。

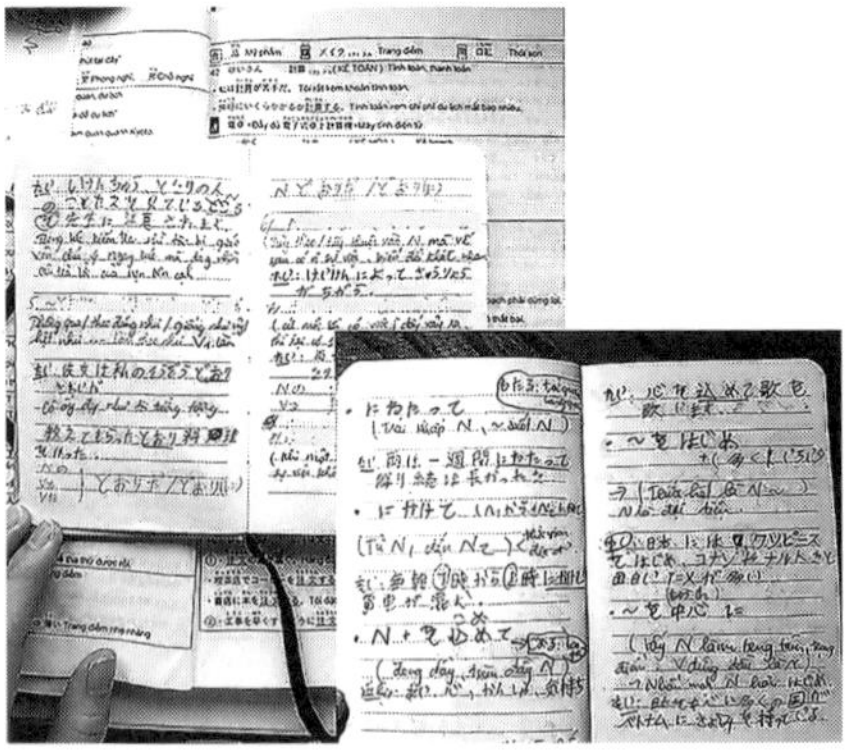

ぎっしりとメモで埋まったリーさんの日本語学習ノート。

日本人の心を知り尽くす対応ぶり

リーさんの仕事は2シフトだ。メインの午前7時からのシフトでは、メインシェフのサブクッキングエリアで調理補助をしている。午前11時からのシフトでは主に果物のカット作業や洗浄作業を行っている。

リーさんの仕事ぶりに産業医科大学病院事業所の吉村恭子さんは「一言でいうと真面目です。日本人の心を知り尽くしていると感じるほど、日頃の返答や対応が素晴らしく、常に落ち着いた物言いや姿勢で、安心感、安定感がある。感謝の気持ちをいつも表してくれる。クリスマスの日やインフルエンザの予防接種に引率し送迎をした帰り道に、メッセージカード付きのプレゼントをくれた。気づかいができて奥ゆかしい、でも伝えなければいけないことはきちんと伝える。自分の意見をきちんと持ち、それを正しく伝えられる、そこが優秀だ」と語る。

富士産業の中村勝彦社長は「とても期待している。技能実習生としてだけではなく、富士産業の社員全体の見本であり続けてほしい。当社の技能実習1期生として、引き続き頑張る姿を応援している」と話す。

一方、日本メディカル給食協会の千田隆夫専務理事は「これから東南アジア各国で非常に重要となる医療・福祉施設給食製造の技術、技能、知識を持ち帰り、メディカル給食業界の世界的な発展に寄与していただけるとありがたい」と、リーさんをはじめとした技能実習生の活躍に期待を寄せている。

食事をする患者らの役に立つ新しい職種

医療・福祉施設給食製造職種は2018年11月に認可された、約30年の歴史がある外国人技能実習制度の中では比較的新しい職種である。技能実習評価試験の試験実施機関である公益社団法人日本メディカル給食協会を中心に、メディカル給食業界全体で外国人技能実習生の適切な受け入れ体制の整備を推進しており、そのロールモデルとして、リーさんの活躍は注目されている。

医療・福祉施設給食製造職種はアレルギーの喫食者の料理の成分を理解することが非常に重要で、毎日献立が違い、食材や料理の計量は過剰も不足も許されず、リーさんにとって難しく大変だった。一方で、

現在の仕事は、果物のカット、洗浄や調理補助。

食事をする患者らの役に立ち、さまざまな調理法を覚えられ、常に注意深く作業するための方法を学べることは、この職種の醍醐味だ。

外食業の中でも給食業界、特にメディカル給食は外国人職員比率が低い職場だ。就業時間と授業の時間とが被るため留学生のアルバイトも少なく、適切な時間に適切な温度で提供するルールや、食事をする患者らに合わせて、ともすれば死や重篤につながるため間違いのない食事を提供しなければいけないことは、外国人にとっては難度が高い業務となっている。

そのような環境下で技能実習生が技能を習得するためには、職場側が外国人のための指導方法や指示命令方法を工夫し、これまでのやり方を変えるといった必要も出てくる。リーさんが活躍することによって、メディカル給食における外国人に対する指導方法や指示命令方法、外国人側の学習方法が確立されれば、外国人にとっても安心できる、開かれた職場、業界への発展が見込まれる。

文化交流でも素晴らしい日越関係に

リーさんの将来の夢は、日本に関連する仕事をすることだ。ベトナムにある日本企業で、日本での医療・福祉施設給食製造の経験や日本語を生かせる職場で働きたいと思っている。ベトナムと日本の関係について、技能実習制度そのものが母国にとって良いことだと思っている。多くのベトナム人がこの制度で日本に来ることができており、技術を学ぶだけでなく、収入や社会人経験、日本語能力も得ることができると考えている。

リーさんは、21年7月に受験をした日本語能力試験でも、見事N２に合格した。日本で学んだ経験や知識を生かし、多くの人が母国で活躍できれば、ベトナムの発展に貢献できると信じている。

富士産業の別の病院の実習生は、髪飾りや草履などの小物も全て事業所の職員の方々が持ち寄ってくれ、振り袖を着させてもらったと聞いている。リーさんは医療・福祉施設給食製造の経験を踏まえ、職業能力の向上だけではなく、日本の文化とベトナムの文化がさらに交流できれば素晴らしい二国関係を構築できると考えている。

実習生が技能を競う「労管協五輪大会」で金メダル

■労管協・扶桑鋼管　ソットガムパン・チンダナイさん（タイ）

タイ出身。技能実習生として来日。2019年に開催された外国人技能実習生修得技能五輪大会で金メダルを獲得。技能だけではなく、日本語での発表能力も問われる難関。

【一般社団法人国際人材育成労務管理協会（労管協）】

東京本部・東京都中央区、評価センター・東京都武蔵村山市。代表者会長・新島良夫。主な事業内容は技能実習制度が目的とする技能修得、技能移転による人材育成を効果的、効率的に行うために、2012年から修得技能の評価（労管協評価）事業を開始。2013年から労管協評価、社内検定など広く修得技能の評価の普及を目指して、毎年11月に、東京と名古屋で外国人技能実習生修得技能五輪大会を開催。

【扶桑鋼管株式会社】

本社・千葉県浦安市、代表取締役社長・江村伸一、主な事業内容は建設機械、産業機械、工作機械の部品の部材となるものの素材から加工までを行う。

タイから数値制御旋盤作業で日本に

２０２０年11月、東京と名古屋で開催予定だった第８回外国人技能実習生修得技能五輪大会（主催・一般社団法人国際人材育成労務管理協会＝労管協）は、新型コロナウイルス感染症拡大のため中止となった。前年の19年の第７回名古屋大会での金メダリストはタイのナコンラーチャシーマー県出身のソットガムパン・チンダナイさん（26）だった。

チンダナイさんは機械加工職種（数値制御旋盤作業）で第２号技能実習２年目の実習生だった。彼は来日の動機を問うヒアリングに次のように答えている。

「幼いころから外国の言語や文化に興味がありました。大きくなったら外国に行き、それらを学んでみようと常々思っていました。その後、私は技能実習制度を知りました。その制度は日本へ行き、３年間にわたり働きながら勉強できるというものでした。私は日本という国、その言語や文化、日本の仕事を体験して、どうしてあれほど発展できたのかを学んでみたいと思いました」

チンダナイさんの受け入れ企業は扶桑鋼管（本社・千葉県浦安市）で、建設機械、産業機械、工作機械の部品の部材となるものの素材の選択から加工まで行っている。過去には東京電力福島第一原発で地下水が原発の下に入らないように土を凍らせるための凍結管を入れるケーシングパイプの加工製造という社会貢献度の高い業務を行った実績もある。

扶桑鋼管の江村伸一社長は「社会貢献と考え、責任の大きい仕事を社員、技能実習生とともにやらせてもらっている」と語り、同社が子会社を設立したタイ、インドネシアから技能実習生を受け入れている理由を強調した。

０・０１ミリメートルに削る技術修得を発表

技能五輪では労管協評価や社内評価などで優れた評価結果を得た技能実習生が、金、銀、銅メダルの獲得を目指して「技能修得」をテーマに日本語で発表する。

チンダナイさんは技能検定３級の学科試験、実技試験に合格し、第３号技能実習生になった。彼は周囲から「目力ある人」と言われている。扶桑鋼管の中川和也課長は「前向きで向上心があり、機械を自ら一人で回し、後輩の面倒見もいい」と評価している。

第７回名古屋大会で、チンダナイさんは「私にもできる」のテーマで次のように発表した。

「最初に配属された部署は切断というところで、鉄のパイプを切断する仕事でした。切断した時、よく起こる問題は『切り曲がり』です。私は何度もその『切り曲がり』を出してしまい、初めのうちは、いつも注意されて毎日がいやになり、いつしか、もう仕事はしたくない、日本語の勉強もしたくない、タイに帰りたいと弱気になってしまいました」

「でも周りを見てみると、皆一生懸命頑張っていました。そこで気付きました。『他の人にできることなら自分もできる』と考え方を変え、落ち込むことはやめました。とにかくできることをがむしゃらに頑張りました。その結果、『切り曲がり』はほとんどなくなり、注意されることもほとんどなくなりました」

「しかし、その頃の苦しい気持ちは自分の心の中にずっと残してあります。それはやめようとか諦めようとか私の弱い部分が出てきた時にその言葉を思い出し、自分を奮い立たせ、頑張る気持ちを忘れないようにするためです。とても大事な経験で、自分自身の成長にもなりました。それからは上司にも信頼され、仕事も順調で楽しくなってきました」

「ところが、2018年8月15日、配属が変わりました。旋盤をコンピュータによる数値制御で動かし、自動加工をする機能を持たせたCNC旋盤で、図面の指示どおりに金属を削る仕事でした。配属されて、初めて担当する最新式の工作機械を見た時はびっくりしました。この機械を操作して0・01ミリメートルに削って製品を作ることができるということです。覚える事がたくさんあります。まず、工作機械に触る前に最初に測定器の勉強をしました。測定器も見たことのないものばかりでした。ほとんど経験がなかったので最初はうまくいかず大変でした。上司、先輩に教えてもらいながらメモを取り一生懸命勉強しました」

「私は、この会社の技能実習生になれて本当に良かったと感じています。今までも上司や先輩に注意されることがありました。それでも日々、私は成長することができています。最後に、私が毎日仕事に行く前に自分に言い聞かせている言葉を紹介します。それは、『体の準備はできていますか』、『心の準備はできていますか』、『私ならできる』、この三つの言葉です。皆さんも落ち込む時などあると思いますが、めげずに頑張りましょう」

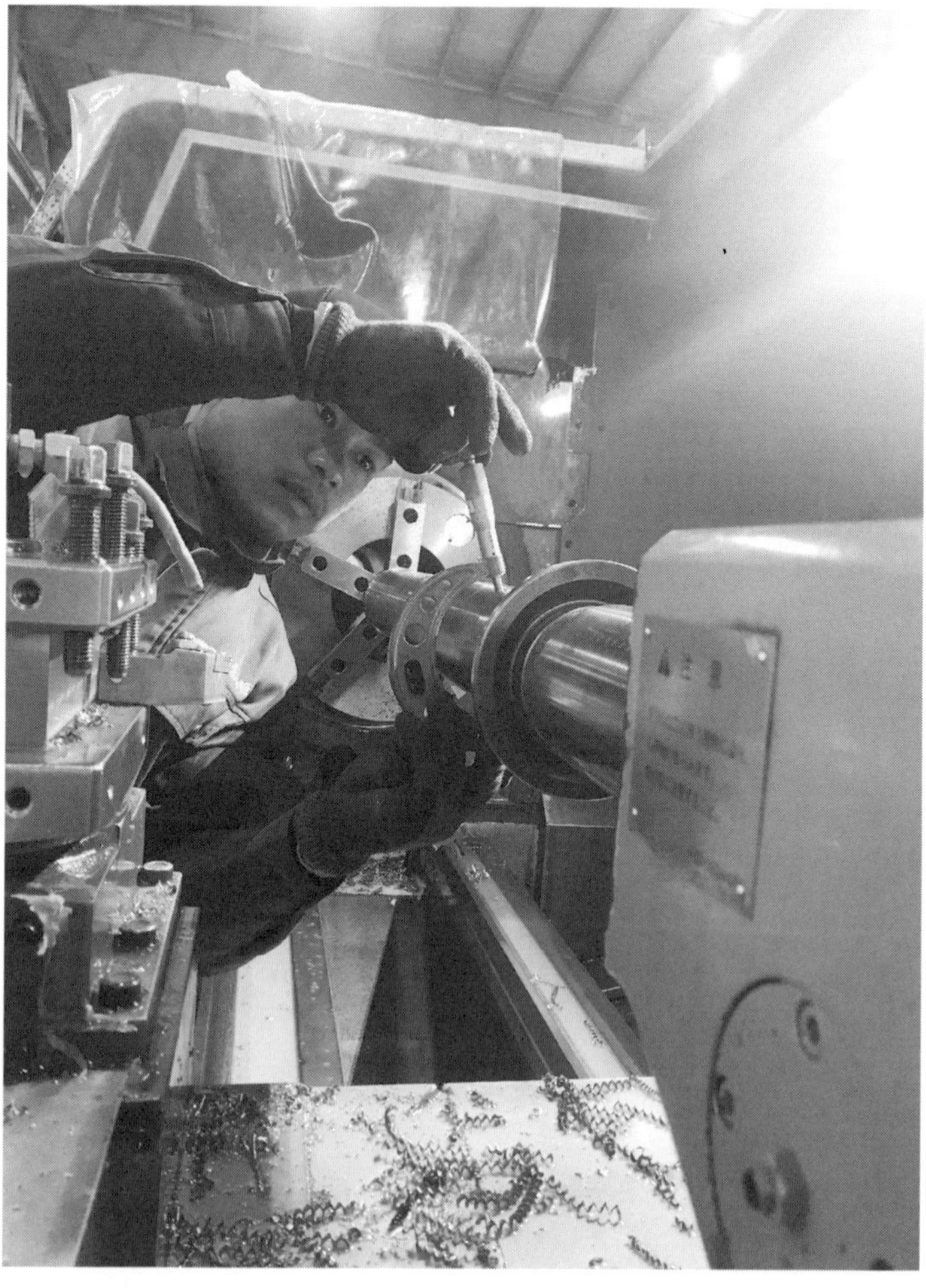

ソットガムパン・チンダナイさん（扶桑鋼管）の技能実習の様子。

審査委員長「安全の大切さが浸透」

この発表で、チンダナイさんは森口明審査委員長から「この大会もこれで7回目となり、ずいぶん成績が伯仲してきて審査に苦労しました。特に最優秀賞のソットガムパン・チンダナイさんは非常に優秀な発表で、今日応援に来ている技能実習生の皆さんは来年発表される際の参考にしていただくといいと思います」と評価され、参加者総数61人（うち技能実習生26人、そのうち発表した技能実習生は10人）から第7回名古屋大会の金メダリストに選ばれた。

同じく第7回東京大会では参加者総数１９９人（うち技能実習生１２８人、そのうち発表した技能実習生は13人）からフィリピン出身で、わらべや日洋茨城工場で惣菜製造業職種（惣菜加工作業）の技能実習を行っているアギラ・ウニカ・ビアンカ・ライさんが金メダリストになった。森口審査委員長は次のようにライさんを評価した。「この大会も年々レベルが向上し、僅差で甲乙つけ難く、審査委員としてうれしい苦労をさせていただきました。今日の大会では、どのように指導されたか、それをどのように受け止めて自分なりに工夫して消化していって完成に近づけたか、といった苦労した内容が多く発表されて感動しました。また、大会初期の頃に比べて安全衛生に関する話が増え、安全衛生の大切さが浸透してきていると感じました。特に最優秀賞のアギラ・ウニカ・ビアンカ・ライさんの発表内容は、非常な努力をして、病気を克服し技能実習に取り組んだというもので深く心を動かされました。また、本人を周りで支えた受入れ企業、職場の同僚、技能実習生、監理団体の並々ならぬ理解、協力、支援の大きな力に深く心を動か

五輪大会（東京大会）の金メダリスト。わらべや日洋茨城工場のアギラ・ウニカ・ビアンカ・ライさんの発表。

されました」

新型コロナウイルス感染症拡大で20年度は中止となったが、21年度は技能五輪の東京大会、名古屋大会がそれぞれ11月に開催される。２０２１年4月に労管協の会長に就任した新島良夫氏のもと、参加人数の制限などコロナ対策を十分に行ったうえで開催する。新島会長はコロナ禍で中断後の技能五輪開催について「今年度の技能五輪大会については、コロナ禍の困難な状況の中でも、技能などを身に付けようと懸命に頑張っている技能実習生の、そして、それを温かく見守り熱心に指導されている技能実習指導担当者の希望や励みとなるよう、新型コロナウイルス感染防止対策を十分講じたうえで安心、安全な大会開催を実現させたい」と語っている。

技能五輪大会の原点は著書『技能実習制度』

そもそも技能五輪大会はティー・アイ・シー協同組合の畉《けさ》ケ《が》山《やま》幹雄理事長（一般財団法人外国人材共生支援全国協会副会長）の信念から生まれた。同協同組合は中小企業組合員の

五輪大会（東京）の発表者、来賓、審査員、共催の監理団体代表理事らが一堂に会した。

経営の向上に寄与することを目的として１９９０年12月に設立された異業種の事業協同組合である。

同理事長は、日本は少子・高齢化の一層の進展が見込まれるため、これからはどうしても外国人の力を借りなければならなくなる、借りるなら同じアジアの国からという考えを持っており、98年、同協同組合は初めてアジアから外国人研修生を受け入れ、その後２０19年11月時点で、アジア11カ国から多数の技能実習生を受け入れている。そして現在、研修生、技能実習生の間の基礎的人材育成を経て、特定技能という実践的人材の受け入れへと段階的な取り組みを進めている。

技能実習制度は、開発途上国などの若者に技能等修得、技能等移転を行うことにより、その国の経済発展を担う人材の育成を目的としているが、一方で、安価な労働力として扱われ、労働関係法令違反や、人権侵害等の実態が広く報じられている。畦ケ山理事長はこのような状況を深く憂慮し、次のように指摘した。受け入れ団体、受け入れ企業は制度の本来の目的に沿った適正な運用をすべきであり、それにより、技能実習生を受け入れ企業の発展に貢献できる優れた人材として、帰国後は母国の発展に貢献できる優れた人材として育成しなければならない。また、技能実習生とその家族に技能実習生として日本に来たことを末永く誇りとしてもらえるようにしなければならないという信念をさらに強く抱くようになった。

理事長は受け入れ団体として、受け入れ企業に、技能実習生の人材育成の具体的な手法を提案するため種々思いを巡らせていたが、ちょうどその頃『技能実習制度』という一冊の本に出合った。この本は技能実習制度創設時の伊藤欣士・元労働省職業能力開発局長による著書で1994年に発行された。内容は93年4月に創設された技能実習制度の全体像をとりまとめたものである。

この本との出合いをきっかけに、�ケ山理事長は技能等修得、技能等移転による人材育成といった技能実習制度の目的に沿った運営に少しでも近づけるためには、適正に作成された技能実習計画に沿った技能等修得の達成状況について、節目ごとに評価を行う方法が最も有効だと考えるようになった。そして、この評価の仕組みの構築と実施を、ティー・アイ・シー協同組合の関連グループである労管協で、2012年から行うことになった。

著者を労管協会長へ　琵琶湖湖畔で直談判

労管協が行う評価（労管協評価）の事務は、公益財団法人国際研修協力機構（ＪＩＴＣＯ）能力開発部の勤務経験がある職員が担当することとなったが、トップの会長人事が難問だった。労管協は技能実習制度の目的の実現のための団体であるということを強く印象付けるために、『技能実習制度』の著者である伊藤元局長に会長を依頼してはどうかという話が持ち上がった。活動を始めたばかりで、名もなく実績もない労管協の会長を依頼するには相当な勇気がいったが、以前、伊藤氏と同じ部署で勤務したことがある事務職員が、12年９月、思い切って、滋賀県大津市在住の伊藤元局長に、畡ケ山理事長との面会依頼のメールを送信し、面会に応じてもらった。

12年10月31日午後、理事長は滋賀県大津市の琵琶湖湖畔にある琵琶湖ホテルで伊藤氏と向かい合い、労管協評価を始めることにしたきっかけ、目的、内容などについて説明し、『技能実習制度』の著者である伊藤元局長に是非とも労管協会長就任をお願いしたい」と率直な気持ちを伝えた。

面会の翌日、伊藤氏から「技能実習制度の創設に関わったものとして労管協の活動が充実するよう私もお手伝いできるところは精一杯やらせていただきたいと思います」とのメールが送信され、その後の話し合いを経て、何とか会長就任の了承を得ることができた。伊藤氏の会長就任により労管協評価のスタートに当たり大きな力を得ることができ、関係者一同にとって大きな喜びとなった。

「労管協評価」の仕組み構築に幅広い意見聴取

労管協は、評価の仕組みを構築するに当たり、受け入れ団体や受け入れ企業の技能実習の現場の技能実習指導の担当者などから意見を聞き、それらを反映させた。受け入れ団体を通し、傘下の受け入れ企業に対し、労管協評価の取り組みを働きかけた結果、12年11月、労管協評価第１号を実施することができた。

電子機器組み立て作業の第2号実習1年目の中国の技能実習生6人だった。この6人には、伊藤会長名の修得技能等評価証書が交付された。これが現在では、8カ国、46作業、426企業、2570人の技能実習生を評価するまでになった。

効果的、効率的な人材育成に修得技能等評価（労管協評価）が有効であることについて、機会あるごとに広報に努めたが、評価には時間と手間がかかること、相応の費用がかかることなど忙しい受け入れ企業にとって負担が大きいため、実施にこぎつけるまでには、受け入れ団体の担当者による多方面にわたる評価の効果についての説明や取り組みへの粘り強い働きかけが必要で、なかなか取り組み件数が伸びなかった。

外国人材育成の地道な取り組みに光を当てる

そこで修得技能などの評価の普及、推進と技能実習生に努力目標を与えるために外国人技能実習生修得技能五輪大会（五輪大会）が13年11月に東京と名古屋でスタートした。参加者数は東京大会が94人（うち技能実習生数46人）、名古屋大会が74人（うち技能実習生数44人）。第1回大会のみ外国人技能実習生修得技能オリンピック大会の名称だったが、大会の内容は技能等修得の過程での努力、工夫、感想などを日本語で発表するだけで、その場で実際に機械などを使って日頃の研さんで磨き上げた技を競うものではないため、五輪大会といえないのではないかなどの議論が起きた。

労管協業務のアドバイザーで、以前、技能五輪国際大会カナダ大会選手監督の経験がある森口明職業能力開発アドバイザーに相談し、できるだけ五輪大会にふさわしい内容に近づけるため、発表テーマを「技能等修得」に絞り、発表者は何らかの形で修得技能の評価を受け、また、現場作業の見える化を図ることなどを要件とするようにアドバイスを受けた。

その後、第７回大会まで継続開催できたことは、受け入れ団体、受け入れ企業、技能実習生、送出機関、日本語教育機関、各国大使館など技能実習関係者の理解と協力が得られたことが継続開催の原動力となっている。第１回大会から第７回大会までの参加者総数は、１５１２人、発表者総数は１６７人に達した。

労監協の新島会長は将来に向けた技能五輪の目的について「技能五輪開催により、できるだけ多くの技能修得の好事例を紹介し、技能修得のレベルアップを図りたい。また、技能実習制度が目的とする技能修得、技能移転による人材育成に地道に取り組んでいる監理団体、受け入れ企業、技能実習指導員、技能実習生の存在に光を当て、その努力と成果を広く社会に紹介したい」と抱負を述べた。

外国人材で雇用創出目指す中国人女性

■東洋ワーク国際事業部　呂《ろ》楠《なん》（中国）

中国出身。高校卒業後、明海大学（千葉県）に入学。同大を卒業後に東洋ワークに入社。現在、国際事業部で活躍する。将来の夢は中華料理店の経営。

【東洋ワーク株式会社】

1976年創業。仙台に本社を置く人材サービス会社。国際事業・CSR福祉事業も行い、海外に4拠点を展開中。「世界を目指す地方からの事業創造」を経営の基軸に据え、ステークホルダーの皆様や社会から信頼され、満足いただける企業を目指している。

国際事業部の予算、実績管理を担当

中国黒竜江省ハルビン出身の呂楠さん（28）は大学進学前に来日した。日本の明海大学（千葉県浦安市）を卒業後、自分を生かせる職場として、自ら選んで東洋ワーク（本社・仙台市）に就職し、面倒見の良い上司、同僚に囲まれて、希望に満ちた人生を歩んでいる。彼女は「東洋ワークでの生活は充実していて、やりがいがあります。会社の方々はとても優しく、分からないことはいつも詳しく教えていただいています。外国人だからといって、差別されたことはありません。東洋ワークに入社して良かったと思います」と満足している。

現在、東洋ワークでは国際事業部に所属し、2021年10月で入社2年になった。国際事業部の予算、実績管理に携わっている。予算では、実績の達成状況を把握し、見込み経費の調整、各担当に分析結果と注意点を報告している。外国人スタッフの管理、ビザ関係の書類作成も担当している。在留資格によって、法律で勤務内容と勤務時間が決められている。留学生のオーバーワークに目配りし、外国人スタッフの在留資格確認、外国人に関するグループ会社からの問い合わせに対応するのも重要な仕事だ。スタッフとの定期面談や取引先訪問も欠かせない。

自分で考える企画の実現を

上司の里見誠執行役員兼国際事業部部長について、呂楠さんは「別の部署の方とコミュニケーションで

東洋ワーク入社式（2019年）。同期の外国人社員も多数。

きる機会をしばしば作っていただいています。仕事を通して、少しずつ日本の文化や価値観を説明していただき、日本の文化や価値観を理解できるようになりました。休みの日には、会社の同僚と一緒にサッカーの試合を見に行ったり、バーベキューをしたり、皆さんと良い関係を築いています。東洋ワークは定時に退社できる体制を敷いているので、外国人にとっては働きやすい職場だと思います」と感謝している。

呂楠さんは東洋ワークでもっと社会制度や会話術などを学び、身につけて、会社に貢献したいと考えている。具体的には同社で、与えられた仕事をする人間ではなく、自分で考える企画を実現したいと考えている。彼女の仕事ぶりについて同社の猪又明美社長は「何事にも積極的で、仕事が丁寧。分からない点はすぐに質問し、仕事に取り組むことから精度が高い。将来に大変期待している」と評している。

中国ハルビン出身、伯母の縁で日本に興味

呂楠さんの出身地、ハルビンは中国の最北端にある歴史と発

展を感じさせる大都市である。市内には、ソフィア大聖堂のような、国境を接するロシアとアジアの雰囲気をともに味わえる観光スポットに恵まれている。

ソフィア大聖堂は１９０７年３月、帝政ロシアの兵士の軍用教会として創建されたもので、その後もロシアの茶商人などが出資し、拡張工事が行われ、32年に現在の姿になった。ビザンチン建築の影響を強く受けており、平面はラテン十字形に作られ、約２０００人を収容できる規模である。最上階の鐘楼には音の異なる７つの鐘がある。内部の壁は痛みが激しく、色はあせ、所々剥落しており、古色蒼然の趣がある。窓ガラスにはステンドグラスは一切使われていない。レオナルド・ダ・ヴィンチの『最後の晩餐』のレプリカなどが飾られている。

ハルビンほど人々が氷と雪の世界に夢中な都市はほかにはあまりない。毎年、冬になると、ハルビン氷祭りが開催される。中ロ国境を流れる黒竜江（アムール川）の最大の支流である松花江から切り出される厚い氷が巨大な氷像群の素材だ。中国内外から大勢の人が訪れる。彼女は「冬はマイナス40℃以下まで下がることもありますが、人々は寒さを忘れたかのように氷と雪の世界を楽しみます」と故郷の酷寒に思いを馳せる。

伯母が日本人と結婚し、日本の企業に勤務し、日本に住んでいる。呂さんは小さい頃からその伯母が語る日本の伝統文化や日本製品の話を聞いて親しみを感じていた。高校生の時に日本のアニメが好きになり、「ＯＮＥ ＰＩＥＣＥ」、「テニスの王子様」、「ＨＵＮＴＥＲ×ＨＵＮＴＥＲ」などを見て、日本語にも興味を持った。

日本の大学で経営・経済を専攻

中国の人口は日本の十倍以上、受験戦争も日本の比ではない。幼い頃から大学受験をターゲットにした教育が当たり前になっている。この競争を勝ち抜くためには、人一倍の努力が必要だ。一流大学に進学できれば、給料の高い就職先を見つけることができる。呂楠さんの母も教育熱心だった。日本に来る前は、呂さんは勉強に追いまくられる日々を過ごしていた。

彼女は黒竜江省海林市林業第一中学（日本の中高一貫校）に進んだ。授業は月曜から金曜日の週5日制で、授業時間は午前6時30分～午後4時50分。毎日8時限（1時限45分）の授業があり、全寮制の学校ではないが、午後6時～午後9時は自習室で自習、その日の宿題をしたり、テストに備えて問題集に取り組んだりしていた。そんな生活が3年間続いた。

卒業後、伯母からの提案で、日本にやって来た。大学受験のための日本語学校で日本語を勉強した。成績が良く、出席率も良かった。日本語能力試験2級にも合格した。その日本語学校の選抜試験に合格、明海大学に推薦入学することができた。同大学では経営・経済を専攻。日本の経済と簿記を勉強した。授業では漢字が使われることが多く、中国出身の彼女にとっては有利だった。また彼女は「日本アニメをたくさん見ていたので耳が日本語に慣れていたのだと思います」と話していた。ゼミでは上場企業の決算報告書を確認、企業の経営情報を分析し、数値から改善策を探るジャンルをテーマに選んだ。

百貨店のアルバイトで悔し涙も

呂楠さんが日本に来てびっくりしたことの一つは自動販売機だった。彼女が住んでいた町には自販機はなく、日本アニメでは自販機がよく出てきたので知っていたが、実物を見たのは初めてだった。後に彼女は「自販機でジュースを買った時の感動は一生忘れません」と話していた。

もう一つ驚いたのは東京で乗った電車だった。「時間通りに来ること、車内の乗客が一言もしゃべらず、静かにしていることに、びっくりしました。電車の中にごみがなくて、とてもきれいなことも印象的でした」と思い出していた。また、うれしかったことは、道に迷うと、いつも誰かが親切に道を教えてくれたことだったそうだ。

実は、悔しい思いもしたし、苦労も多かった。大学時代、東京の百貨店の売り場で約2年間、アルバイトをしたことがある。その百貨店ではポイントカードとアプリの両方を使う。そのどちらを先に処理しても大丈夫だったが、その時、彼女はポイントカードを先に通して、次にアプリを処理した。

すると、男性客は強い声で怒り、「他のスタッフは先にアプリを処理してくれたのに、あんたは順番を間違った。それじゃポイントが付かないでしょう。私だけでなく、他のお客さん全員にポイントを付けていない」と激しく文句をつけてきた。

操作ミスではないのに、こんなふうに言われるのが理不尽だと思い、「涙が出そうになった」そうだ。

彼女は職場で泣きたくないと思い、必死に我慢した。その客に操作手順に問題はなく、ポイントもきちんと付いている、と繰り返し説明しても、納得してくれなかった。その客は「もういいよ」と吐き捨てるように言って去って行った。彼女は、やっとレジから離れることができた。

その翌日、百貨店の責任者から彼女に、店にクレームがあったことを告げられた。責任者に詳しく説明して、結局、彼女の側に落ち度がないことが分かり、責任者も「君は悪くないよ」と言ってくれた。説明している途中、何度も涙が出そうになった。

企業と外国人材のマッチングでメリット創出

大学時代の就職活動で、内定の連絡を3社から受けたが、彼女は自分にとって一番やりがいがある仕事ができる東洋ワークを選んだ。彼女は「私も外国人なので、外国人が日本で生活と仕事する時の苦労と大変さがすごく分かります。日本は少子高齢化で労働者不足が深刻化しているので、企業と外国人材のマッチングを通じて双方のメリットを生み出して、雇用を創出することでより多くの人の幸福を実現したいと思い、東洋ワークに入社しました」と語っている。

来日前、彼女は周囲から「日本人は冷たい」、「家族との関係が薄い」と聞かされていた。東京に住んでいた時、東京にはストレスの溜まっている人が多いのか、冷たい人もいると感じたこともあったが、仙台に来てから、親切で温かい人々と出会い、彼女はうれしく感じた。

日本にきて、彼女の人生は一変した。自立できたからだ。日本に来る前はずっと両親と一緒に生活し、両親から離れたことはなく、困ることがあったら、いつも母親が解決してくれた。日本に来て、アルバイ

仙台の大学からインターシップに参加する学生とのランチ会（右から３人めが呂さん）。

トも自分で探し、住むところも自分で探し、大学も自分で選び、就職も自分で見つけた。「他人に頼らず、頼られるような人になったことが一番うれしかった」と振り返っている。

日本人男性と結婚し中華料理店経営の夢も

今、呂楠さんの悩みはコロナ禍でなかなか中国に帰れないことだ。家族思いの彼女は毎週必ず両親に連絡しているが、それでも19年３月に帰ったのが最後で、親にも会えなくて、寂しい気持ちが募っている。コロナ禍が収束したら、是非とも親を日本に呼びたいと考えている。

20年12月、プロポーズされたのがきっかけで５年付き合ってきた日本人の男性と結婚し、幸せを感じている。彼女は食べることが大好きで、「もし開店資金が貯まったら、中華料理のお店を経営したいと思います。中国で流行っている、おいしいしい食べ物を日本の方々にも食べていただきたいと思っています」と夢を膨らませている。

高い技術で日越結ぶ将来の指導者

■小金井精機製作所　ドアン・フー・ズンさん（ベトナム）

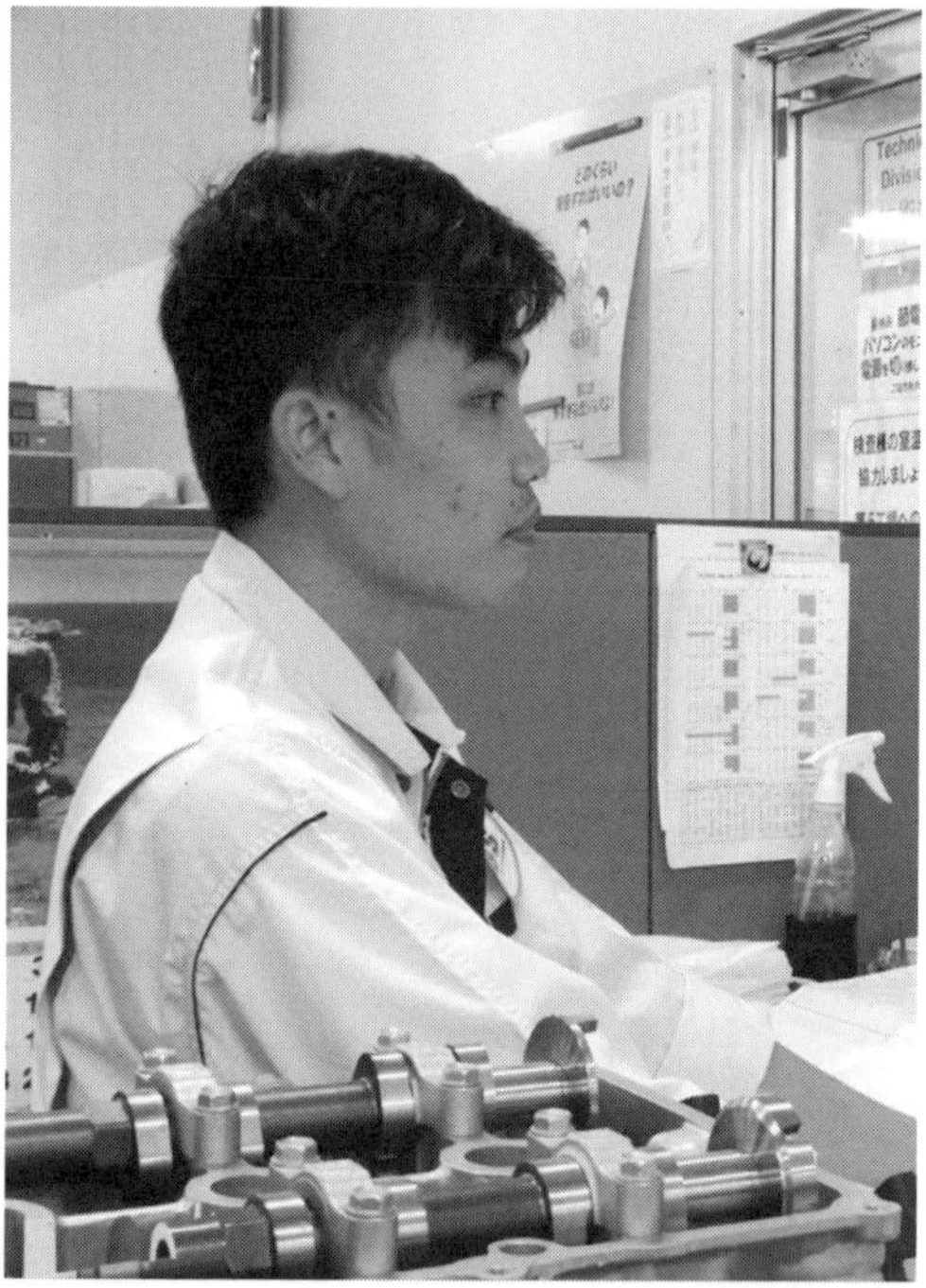

ベトナム出身。工科大学卒業後、小金井精機製作所に就職。大学で専攻した宇宙工学を生かして活躍。現在は、ベトナム子会社とのパイプ役としても需要な役割を担う。

【株式会社小金井精機製作所】

工場2拠点・埼玉県、群馬県。代表取締役・鴨下祐介。カーボンニュートラルに必須な低燃費次世代電動車などのエンジン主要部品試作加工、航空機ジェットエンジン部品の精密機械加工などを得意としている。約15年前からハノイ国家大学、工科大学卒業生を中心にベトナム人約40名が正規従業員として活躍中である。

「ロボット制御」に関心、大学で宇宙工学を専攻

ベトナム北部ナムディン省出身のドアン・フー・ズンさん(29)。故郷は海が近くとても静かなところだ。ズンさんは高校生の頃、オートマチックについて関心を持ち、特にロボット制御についてとても興味が湧いて工業と技術を学びたくなった。このため大学は、故郷から100㎞離れたハノイ市にあるベトナム国家大学ハノイ校工科大学に進学した。大学の先輩が人工衛星を学ぶために日本に留学をしたという話を聞いてズンさんも航空宇宙を志した。人工衛星で使われている部品には3Dプリンターで製作されたものが数多くあることを知り、卒業研究では3Dプリンターを自主設計・製作し、樹脂部品を造形できる3Dプリンターを作り上げた。

ズンさんは元々小さい頃から身の回りに日本製の家電製品があり、大学生活では日本製のオートバイに乗り故障がないことに驚いた。さらに勉強するにつれ、機械や自動車といった日本のものづくりの技術力は世界でトップクラスだと考えるようになった。このため、卒業後は日本企業に就職し、大学で学んだ技術を生かした仕事をしたいと思うようになった。

高度な自動車主要部品のものづくりに惹かれ

そんな中、ハノイ校工科大学で株式会社小金井精機製作所(本社・埼玉県入間市)の就職説明会が開催され、大学で学んだ技術・知識が生かせること、さらに日本で働けることから採用試験に応募し、幾度の

試験を経て、無事に小金井精機製作所に採用された。

ズンさんは2015年4月に来日し、群馬県の前橋工場に配属された。小金井精機製作所を選んだ決め手となったのが、高い技術を必要とする自動車やオートバイのエンジン主要部品を加工しており直接的にものづくりができることだった。ベトナム人の採用実績があり、先輩が日本人と一緒に仕事をしていることも大きな要因だった。

ズンさんは技術を習得してきたとはいえ、それまでに日本語や日本の文化について学んだことがなかったため、来日するまでの3カ月間、日本語学校に通い勉強を重ねた。今、ズンさんは「来日したばかりの頃は職場でも日常生活でもたった3カ月の勉強では全く通用しなかった。これから来日する後輩にはとにかく日本語をしっかりと勉強してから来日してほしい」と振り返る。

そんなズンさんを助けてくれたのが、職場で働いているベトナム人の先輩たちだった。「職場はもちろん、寮でも一緒に過ごしていたので日常生活や病院などにも付き添ってくれ、通訳をしてくれた」と感謝している。

富士山に感激、観光地に足運ぶ

小金井精機製作所の鴨下祐介社長は「ベトナム人を採用し始めた当初は、午前中は日本語の授業、午後に仕事、といったように何とか早くなじんでもらえるような工夫をしていた。ただ今は、ベトナム人の先輩が後輩をしっかりサポートしてくれるので、働きながら日本語を覚えるという良いサイクルができている」と話す。

ズンさんは徐々に新しく覚えた言葉で職場以外の人たちとも会話ができるようになり、どんどん毎日が楽しくなってきた。

来日間もなく憧れだった富士登山に挑んだズンさん。

ズンさんはようやく仕事にも日本での生活にも慣れてきた15年9月、会社の人たちと富士山に登った。その時の頂上から見た景色にはとても感激した。ズンさんにとって富士山の印象は「昼はとても暑い。朝はとても寒い。登るのはとても苦しい。下から見ても頂上から見てもとても美しい山」だった。

一方、富山県の立山でみた10ｍを超える雪の壁や、大阪の街並みなど、ベトナム人があこがれる日本の観光地にも足を運んだ。コロナが収束したら北海道に行くことが次の目標だ。

群馬県のベトナム祭りにブース出展

16年4月、ズンさんはゴールデンウイークを利用してベトナムに一時帰国し、結婚式を挙げた。大学時代に知り合った妻、ホアン・ティ・フゥンさん（29）は以前から日本に住んでみたいと言っていたため、新婚旅行名目で来日し、そのまま２人の新生活がスタートすることになった。

ズンさんが会社の寮をでる際には、職場の上司である早野次夫取締役工場長から生活に必要なアドバイス、お皿や鍋から洗濯機などの生活用品を支援してもらった。ズンさんは「そのお陰でスムーズな新生活をスタートすることができた」とたいへん感謝している。

日本での新生活に必要な自動車免許も、職場の日本人、ベトナム人の先輩たちのサポートで日本語での運転免許試験に一発で合格できた。

寮を出た今は、職場から徒歩2分にある会社が買い上げた一軒家に家族とともに住んでいる。郊外の緑の多い環境ということもあり、庭の家庭菜園ではとうころこしやパクチーを育て、にわとりも飼っている。コロナが拡大する前には、群馬県庁で開催されたベトナム祭りでベトナム料理のブースを出すなど、地域とのかかわりも少しずつ増えている。

一時帰国し、ベトナムの自宅で結婚式。写真は式後のワンショット。

同僚らが出産や育児をサポート

妻のフォンさんも同じ職場で働く中で、17年に長男、20年に長女を授かった。ベトナムの場合、子供が生まれると祖父母が来て子育てを手伝い、両親は仕事に早く復帰するというのが一般的だ。長男が生まれた時はベトナムからフォンさんの母親が来日し、育児を手伝ってくれた。ただ長女が生まれた時はコロナにより来日できなかったが、同僚や友人そして会社が出産と育児をサポートしてくれた。ズンさんが住む地域には職場の先輩をはじめ一定数の外国人居住者がいるため、近所の病院の医師が外国人に慣れていることは安心して生活できる理由の一つだ。

ズンさんは日本で順調に生活できていると感じていたが、子供の保育園に行った時、周りの日本人の親は持ち物リストにはないスリッパを当たり前のように持参しており、ズンさんだけがスリッパを持参せず、ベトナムで一般的な裸足だったことがあった。「これがとても恥ずかしかった」とズンさんは振り返る。大きな文化の違いは講習で教わり、インターネットで知ることができる。しかし、スリッパのエピソードのように細かい文化の違いを外国人は日々感じており、時にはストレスとなるのだとズンさんは改めて思った。

日本でふたりの子どもが誕生。大好きな桜の下で家族写真を撮影。

ベトナム子会社とのパイプ役

入社当初は日本語があまり理解できず機械加工のサポートを中心に作業をしていたズンさんも、現在はエンジン試作部品を加工するためのNCプログラムの作成と、後輩社員の指導もしている。また、大学で学んだ知識を生かし、社内設備の3Dプリンターをメンテナンスしたり、自動手指消毒スプレー器を自作し、各職場に設置したりしてプログラミング以外でも前橋工場で活躍中だ。

ズンさんが達成したい仕事の目標は、前橋工場すべての製造工程のスキルを身につけ新しい仕事を工程設計から指示ができ、多くの後輩を指導できる技術者のリーダーになることだ。

鴨下社長は、ズンさんの仕事ぶりについて「機械加工のプログラムの中でも一番難しい仕事を任されている。常に改善意識が高く、前回より早く良い加工ができないか模索をしてベストを尽くしてくれている。

後輩のベトナム人に熱心に指導するズンさん（右）。

また、ハノイ市にある現地法人、ＫＯＧＡＮＥＩベトナム社のプログラマーとのパイプ役を務め、両社の現状を理解したうえでさまざまな問題解決につなげてくれている」と評し、期待を寄せている。

ズンさんは将来、日本の高い技術を身につけベトナムに伝える指導者になることができたら良いと考えている。自分の子供たちには、ベトナム語と日本語に加えて、両国の文化も身につけて、将来の可能性を広げてほしいと願っている。ズンさんは「私たちのように日本で仕事をし、生活しているベトナム人がたくさんいます。その多くの人がベトナムに帰国した時に日本の良い文化と高い技術を広く伝えてゆくことができていけば、ベトナムと日本はともに成長していける」と考えている。

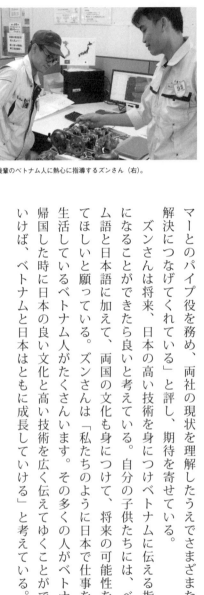

第3章

グローバル人材共生社会実現のための提言

一般財団法人「外国人材支援全国協会」（ＮＡＧＯＭｉ）

共に活躍できるグローバル人材共生社会をめざして

一般財団法人「外国人材支援全国協会」（ＮＡＧＯＭｉ）

「外国人材共生支援全国協会」の役割は、第一に、「アジアの安定と日本の持続的成長」のために迎え入れる若者たちの立場に立って外国人材を受け入れ政策を確立し、「共存共栄のアジア新時代」のために一翼を担って貢献することです。

第二に、「技能実習制度と特定技能制度を一貫性のある制度」に改革し、「人材育成」、「人材確保」、「国際貢献」を共通の目的とするとともに、生活者の視点を重視し、キャリアステージに合わせた選択幅のある在留資格制度にすることです。

第三に、悪質なブローカーや企業・団体から外国人材を守り、健全な企業等に配属される就労システムを定着させることです。

さらに、「グローバル人材共生ネットワーク」を全国各地域に展開し、外国人材を適切に育成・保護支援し、差別のない多文化共生社会の実現に寄与したいということが私たちの強い願いです。

私たちは、ＮＡＧＯＭｉ設立以来、二階俊博・前自民党幹事長のご配慮により、長島昭久座長の下、「グローバル人材共生推進議員懇話会」の皆様と共に勉強会を重ね、21年6月にＮＡＧＯＭｉ政務調査委員会を軸に「グローバル人材共生社会実現のための提言」を取りまとめました。

人口減少時代に突入したわが国においては、日本人の国際性を高め、外国人材と共に活躍できる「グローバル人材共生社会」への環境整備を国家プロジェクトとして急がなければならないと考えます。皆様のご批判とご協力をお願いし、以下、提言を発表させていただきます。

Ⅰ　アジアの模範となる人材確保と人材育成システムの構築

グローバル人材共生推進議員懇話会の基本指針において、我が国の歴史と伝統を貫く「寛容な精神」と国際社会でも通用する歴史観と人権感覚が必要であり、それを踏まえ、差別のない共に活躍できる多文化共生社会を創生し、アジアの模範となる人材確保と人材育成システムを構築すべきであるとの理念が提示されました。

多様なラグビー日本代表チーム

ラグビーワールドカップ２０１９の日本代表キャプテンであるリーチマイケル選手はグローバル人材共生の象徴です。ベスト８に進んだ日本代表チームとスタンドの応援団が一体となって「ワンチーム」で熱狂したワールドカップの試合は忘れることができません。

リーチマイケル選手は15歳の時、ニュージーランドから交換留学生として来日し、札幌山の手高校に入学しました。留学当初の約10カ月間、自宅で生活をともにした寿司店を営む森山修一・久美子夫妻は今も「日本のお父さん、お母さん」と慕われています。森山家では日本語漬けの日々を送り、ほかの息子と同じように久美子さんの家庭料理を食べ、特別扱いはされませんでした。小学生の国語教科書を使った学校での指導で日本語はめきめき上達しました。東海大学に進学し、東芝ブレイブルーパスに入ってからも、たびたび第二の故郷である北海道に里帰りしました。

ラグビーが素晴らしいのは、日本国籍をもっていない外国人選手も、本人が3年以上続けて日本に住んでいれば、日本代表になることができることです。31人の日本代表チームには15人の海外出身選手がいました。リーチマイケル選手はキャプテンとして「多様な人々が集まって強くなるチーム」をめざし、外国出身選手たちに積極的に日本を知る機会をつくり、自らすすんで君が代の練習などを行いました。リーチマイケル選手ら外国出身選手によってつくられた和製英語「ワンチーム」を合い言葉に心を一つにして闘う日本代表チームはこうして生まれたのです。

「日本の国柄」と同化力

なぜ、ラグビー日本代表チームが誇らしいのでしょうか。

それは「日本の国柄」と関係していると思います。神道では古代からこの世の一切合切のすべては大神の分身とされてきました、いわば大神に対する小神となるので万物はすべて神の分身、神が宿るという八百万神《やおよろずのかみ》とされてきました。山川草木、みな神の分身で山には山のいのち、川には川のいのちがあるとされてきました。人間も当然、その万物のひとつであり、万物共生の考えといえます。

日本の特性は同化力にもあります。一神教の、たとえばキリスト教は神が人間をつくり、人間のために万物は造られたとします。ですから自然をも征服できるという考えにいたります。多神教は一神教のように他を排斥しません。日本は、仏教が来れば仏教を、キリスト教が来ればキリスト教をほぼ受け入れてきました。他国の文化信仰を「寛容な精神」で受け入れることをためらわず、これを受け入れて日本流に同化します。ラグビーの日本代表チームも様々な外国出身選手を受け入れ、日本の同化力をもって素晴らしいチーム力をつくりあげました。

アジアの安定と日本の持続的発展のために

アジアの安定と成長は世界平和の試金石と言われています。アジアは日本にとって政治的、経済的、安全保障上、最も重要であることはいうまでもありません。「日本の国柄」にあこがれ、「日本を学びたい、日本で働きたい」と期待を寄せて訪れるアジアの若者がさらに増えるよう努力が必要です。アジアの安定と日本の持続的発展のために日本の国柄や伝統の精神を再認識し、向上心のある外国人材を幅広く受け入れ、未来を託すのにふさわしい人材を確保し育成することを日本の国益として取り組むことです。

人材確保、人材育成、国際貢献を共通目的に制度確立を

深刻な人口減少に直面する我が国は人材確保とともに適切な人材育成システムを構築することが肝要です。そのために技能実習制度（基礎的人材育成期間）と特定技能制度（実践的人材育成期間）の一貫性ある制度改革を行い、国内外から魅力的で実用的と評価される外国人材育成システムにすることが必要です。人材確保、人材育成、国際貢献を両制度の共通の基本目的に、キャリアステージに合わせた選択幅のある在留資格制度を確立すべきです。何よりも重要なことは日本語能力の要件化や入国前・後の研修の拡充や義務化です。外国人材が安心して活躍できる環境整備を進め、差別のない共に活躍できるグローバル人材共生社会を実現していきたいと思います。

Ⅱ　技能実習と特定技能の整合性のとれた一貫性のある制度改革

技能実習制度は１９９３年にスタートし、２００９年に在留資格「技能実習」が新設され、２０１７年に技能実習法が施行された歴史があります。一方、18年12月の臨時国会において、在留資格「特定技能」の新設を柱とする「出入国管理及び難民認定法」が可決・成立し、19年4月1日より人手不足が深刻な産業分野において「特定技能」での新たな外国人材の受入れが可能となりました。在留技能実習生数は19年12月末現在、41万１９７２人で、国別ではベトナムが21万８７２７人でトップです。在留特定技能外国人

は20年12月末現在、1万5663人で、このうち技能実習ルートは85・19%の1万3344人を占めます。技能実習制度には改善すべき点が多々ありますが、30年の歴史の中で果たしてきた貢献は非常に大きいと考えます。

1　技能実習制度の貢献

では、技能実習制度はどのような貢献をしてきたのでしょうか。

第一に日本とアジアの共存共栄の基盤になっていることです。累計で200万人を超えるアジアの若者たちが、帰国後の母国での就労において、日本で学んだ労働倫理、日本語、技能・知識を活かして母国の経済発展に貢献しています。起業する元実習生も多数おり、技能実習制度はアジア諸国の「人づくり」の場として、日本とアジアの共存共栄を支えています。

第二に技能実習生のキャリアアップになっていることです。技能実習生一人一人にとって、母国では得ることの困難な就業の機会であり、帰国後の本人のキャリアアップと家族の生活改善に貢献をしています。具体的には、佐賀大学の実態調査によると、実習生が日本に来て一番良かったと考えるのは労働倫理の習得です。「チームで協働する力」「時間内に仕事を完遂する力」「仕事の質を向上させる責任」「5S（整理・整頓・清掃・清潔・躾）」といった日本の労働倫理を学んだことは大きな力となっています。また、実習で得た貯蓄をもとに、母国で起業する人も多くいます。

監理団体大手の元実習生は7000人以上が母国で起業し、雇用の創出と地域経済発展に貢献しています。インドネシアやタイなどで元実習生による社長会が存在します。ベトナムの送出機関でも、元実習生70名以上が帰国後に起業しています。そして、何よりも日本語能力です。実習期間中に身につけた日本語能力を、帰国後の就職や起業などのキャリアアップに役立てている人も多くいます。

第三に受け入れ企業へのメリットです。受け入れ企業の日本人従業員の高齢化が進む中、若く向上心あふれる技能実習生は組織の活性化、生産性向上など好影響を与えています。実習生を雇用することで会社の経営が安定し、結果として会社と日本人従業員の雇用、さらに地方経済を守っています。実習生の真面目な姿が日本人社員に刺激と向上心を与え、コミュニケーションとチームワークの向上を生み、多文化共生への理解が増しています。元実習生をきっかけにした日本企業の海外進出の例もあります。

第四に地域の活性化に貢献していることです。地方自治体の中には、技能実習生を含めた外国人と地域との交流を推進し、地域活性化の梃子にしているところも増加しています。

2　制度改革の必要性

四つの理由を見ただけでも、技能実習制度の果たす功績は大きく、この制度を廃止することは妥当でないと考えます。目指すべき結論から言えば、技能実習制度と特定技能制度を整合性のとれた一貫性のある外国人材受け入れ制度に改革すべきです。技能実習制度を基盤に特定技能制度と一元化すべきです。改革の理念は、人材育成、人材確保、国際貢献を共通目標として、それにより日本の国益を確保することです。

なぜ、技能実習制度と特定技能制度を整合性のとれた一貫性のある制度に改革すべきなのでしょうか。

まずは社会経験の浅い段階からの外国人材確保の必要性があると考えるからです。専門的・技術的分野の在留資格とされる「特定技能」よりむしろ未経験の人材も若いうちから幅広く日本で学び、基礎から技能を習得することで将来に期待が持てます。こうした人材の安全かつ安定的な就労のためには、監理団体による保護と育成が必須です。

次に、特定技能（技能試験とＮ４の合格が必須）より容易に来日できるルートがないと、他の台湾、韓国のような受け入れ国に外国人材が流出することも考慮しなくてはなりません。さらに、段階的・計画的な人材確保・人材育成制度として一元化することこそが合理的だからです。

３　制度改革の３つの意味

では、技能実習制度と特定技能制度の「一元化」とは何を意味するのでしょうか。第一に制度目的の共通化です。技能実習も特定技能も、ともに人材育成、人材確保、国際貢献を目的とします。

第二に一貫した人材育成システムとして完成します。技能実習の３年間を基礎的人材育成期間（我が国における就労の入口）、それに続く特定技能の５年間を実践的人材育成期間として位置付けることによって、計画的で一貫した外国人材確保・人材育成システムとして完成します。

第三に対象業務（職種・作業）の統一化です。技能実習の職種・作業と、特定技能の特定産業分野・業務区分を可能な限り統一するとともに、両制度の運用の統一も図ります。

4 制度改革に向けた具体的措置

技能実習制度と特定技能制度を整合性のとれた一貫性のある制度にするためには、どのような具体的な措置をとればいいのでしょうか。

第一に技能実習法（技能実習制度）の目的を変更することです。技能実習法を改正し、国際貢献（持続可能性のあるアジア各国の成長と安定への寄与）に加え、人材確保（及び段階的かつ計画的な技能修得による人材育成）を技能実習制度の目的として位置づけます。これにより、法の建前（技能移転による国際貢献）と実態（人手不足分野における人材確保）の齟齬を解消するとともに、特定技能制度との一元化を図ります。

第二に監理団体の許可の仕組みの改正です。監理団体は非営利組織のみに限るとの建て付けは維持します。人権侵害などのない健全な外国人就労システムの構築という観点から、監理団体の許可要件や優良基準を改正し、また登録支援機関についても許可制にすることが必要です。

第三に前職要件の撤廃です。狭い意味での技能移転を技能実習制度の目的から削除すれば、前職要件は必要ないと考えます。

第四に日本語能力要件（N５相当）の新設です。技能実習制度において、全くの実務未経験者を受け入れることになるので、労災事故の防止、労使間のコミュニケーション不全による種々の問題の防止及び日本社会において安定的な生活を可能とするために、技能実習計画認定基準として日本語能力要件（N５相当）を新設すべきです。

第五に入国前講習や入国後講習の内容・期間の拡充、継続的な日本語学習の実施義務です。入国前講習及び入国後講習について、日本の基礎的生活習慣文化、日本で犯罪となる行為を具体的に教え、一定の場合には転籍しうることを含む法的保護情報などの内容の拡充（教育すべき内容のさらなる明確化を含む）と期間の延長を行います。さらに実習実施者において実習を開始した後も、技能実習生が継続して日本語学習ができるよう監理団体や実習実施者が配慮すべき義務を技能実習法改正により規定すべきです。

第六に技能実習制度と特定技能制度との間で人材育成としての一貫性を持たせるための措置が必要です。技能実習制度の職種・作業と、特定技能制度の特定産業分野・業務区分を可能な限り統一的なものとするとともに、産業技術の発達に応じ、現状に即した職種などの区分、技能実習計画審査基準や技能検定に改めるべきです。実践的人材育成を行うべき特定技能所属機関に対し、技能修得・向上配慮義務（責務）を課すべきです。

第七に制度のさらなる適正化、労働法上の権利侵害を含む人権侵害の防止のための措置が必要です。送出機関の違法な手数料徴収などに係る二国間取決めに基づく情報共有・連携、送出国への働きかけの強化（違反者に対する摘発の強化及び厳罰化の要請）、外国人技能実習機構による審査、検査、摘発体制の徹底強化、さらに監理団体、実習実施者や失踪者を雇用する企業などへの罰則などの制裁の強化が必要です。転籍を認める場合の拡大・明確化、転籍を認める場合において、その実際的機会を可能な限り多く確保できるようにする措置と講じるべきです。

第八にキャリアステージにあわせた幅広い選択肢を在留資格制度において創設すべきです。在留期間の上限がない「特定技能2号」に係る特定産業分野を増加するとともに、日本語能力を含む一定の要件を満たした技能実習修了者について「特定活動」等での在留継続を認める（外国人材育成マネージャー、国際交流推進員、企業内管理者）。これにより、「外国人材の使い捨て」との非難はあたらないことになります。

5　急ぐべき法的な方向性

「共存共栄のアジア新時代」を迎え、アジアの安定と日本の持続的成長のために、日本に迎え入れる外国人の若者たちの立場に立って、技能実習生や特定技能外国人の育成・保護・支援を的確に行い、差別のない健全で公平・公正な外国人材就労システムを構築すべきです。この改革ビジョンを実現するために、技能実習制度と特定技能制度を整合性のとれた一貫性のある制度に改革することこそ、急ぐべき法的な方向性と考えます。

Ⅲ　基本的課題を克服するための施策

グローバル人材共生を目指すにあたり、基本的な課題を克服するための施策は、技能実習生の意識・能力向上克服、失踪・不法滞在防止対策、人権侵害対策、偽造書類対策、人権侵害対策などに係る対外発信の強化の五つがあります。

1　技能実習生の意識・能力向上克服

第一に訪日前の日本語能力要件（N5）の新設です。日本語能力が実習の成否を左右し、コミュニケーション能力欠如が失踪などトラブル発生要因の一つであるからです。また、実習期間中も日本語学習の機会提供と、資格取得者へのインセンティブを提供すべきです。

第二に訪日前（後）研修の充実（技能実習や特定技能も同様）です。日本語に加え、実習の目的、仕事内容、日本文化・慣習、妊娠、失踪、不法滞在、犯罪予防などについて実習生の理解を深めるべきです。そのためには、政府は日本語教育を強化すべきであり、日本語教師の派遣や日本語機関の支援など国内国外を問わず、日本を目指す外国人が日本語を学ぶ機会を増やすべきです。

2　失踪・不法滞在防止対策

２０２１年３月、ベトナム政府査察局は、「外国におけるベトナム人労働者の失踪及び不法滞在の基本的原因として、労働者が規定（３６００ドル）を大幅に超えた手数料（一人当たり７０００－８０００ドル）を支払わなければならない状況になっている。これは労働傷病兵社会省や地方政府の職務怠慢と指摘し、送出機関も含めて関係者の処分を行う旨」を発表しました。その報告書の中で偽装留学生問題についても指摘しました。これはベトナム政府の画期的な動きであり、20年1月のダナンにおける二階俊博・前自民党幹事長（日越議連会長）・フック首相会談における幹事長の指摘がきっかけでした。

こうした経緯を踏まえ、次のような取り組み強化が必要です。

㋐キックバック（一人当たり10万―15万円）と過剰接待禁止の推進。罰則強化。

㋑ブローカー（費用約千ドル）を利用することなく「送出機関」を選択できるプラットホームの構築。ベトナムでは、日本大使館、ＪＩＣＡ、ベトナム政府で協議中。

㋒失踪・犯罪につながるＳＮＳの取り締まり強化。失踪の斡旋、不法滞在者の就職、盗品の売買などはＳＮＳを通じて実施されている。さらなる取り締まりの強化が必要。

㋓監理団体・実習実施者の担当者が、訪日前に出来るだけ家族に会う。ベトナムやインドネシアの場合、家族の絆が強く、失踪や不法滞在の抑止力になる。

㋔日本人職員、地域コミュニティとの交流の場を作る。実習生は職場と宿舎の往復の生活から「透明人間」との批判あり。監理団体、受け入れ企業のイニシアティブが重要。

３　人権侵害対策（暴力・給与・残業未払いなど）

２０１７年に設立された外国人技能実習機構の監査の結果、21年3月末現在、監理団体の許可取り消しは18件、認定取り消しは１０８業者。技能実習機構の検査、関係各省による処分はようやく機能しだしました。ただし、技能実習機構は技能実習生20万人の時代に計画、設立されたものです。現在実習生は40万人以上、監理団体は3千、実習実施者は8万社を超え、より適切な検査と厳格な処分のために「技能実習機構の早急な強化」が必要です。

こうした状況を改善する目的で、ＮＡＧＯＭｉが発起団体となって「不正行為禁止キャンペーン」を実施します。労働関連法規と入管法の順守、キックバック、過剰接待などの禁止キャンペーンを、６月に厚労省が行う外国人労働者啓発月間に合わせて開始し、半年間実施します。

さらに、優良監理団体（基準を新たに設ける）に対する監査の簡素化・効率化とインセンティブ（受け入れ人数増など）の提供、悪質企業等の刑事告発（抑止力強化）のほか、「ブラック企業の事前排除」として入管法関連で書類送検された企業名を、労基法と同様に公表すべきです。特定技能においても、登録支援機関や労働者受け入れ企業・団体に対する厳正な検査と法令違反者に対する処分が必要です。

４　偽造書類対策

技能実習や留学生制度において、「偽造書類」の提出が常態化しています。厳格な偽造書類対策は、「質の高い技能実習生・留学生の確保」のみならず、「借金減額」の観点からも不可欠です。

第一に技能実習生の「前職要件」の廃止です。高卒の地方出身者など職歴のない候補者が多く、偽造書類（一件数万円）を提出することが常態化しています。何種類もの偽造書類を用意するケースもあります。

第二に日本語学校留学生の在留資格審査にあたり、ベトナムの場合には教育訓練省発行の高校卒業認定書や成績証明書の提出の義務付けが必要です。健康診断（特に結核）の義務化の早期実施が必要です。今まで勉強したこともなく、勉強する気もない人が留学生の在留資格を得て訪日した例が多くあります。東京福祉大学の問題発覚後（２０１９年）資格審査は厳しくなっていますが、認定書提出の義務化は強い抑止力になります。これの偽造は当該国において公文書偽造となります。

第三に「技能・人文知識・国際業務」の資格審査にあたり、ベトナムの場合、教育訓練省発行の大学卒業認定書や成績証明書の提出の義務付けが必要です。この資格で入国する人は急増していますが、この制度を悪用して本来資格のない人を訪日させているとの噂が絶えません。

5　都道府県単位のグローバル人材共生会議を設置

国、都道府県のブランド力（信用・安心・提携）、市町村との地域密着力、民間の機動力及び専門家など産学官ワンチームによる「グローバル人材共生会議」を都道府県単位に設置すべきです。

6　人権侵害対策などに係る対外発信の強化

特に、米国国務省、ベトナムをはじめとする各国政府、各種人権団体に対する発信を強化すべきです。

いかにして政策提言に至ったか

梅田邦夫　ＮＡＧＯＭｉ政務調査委員長
ＮＡＧＯＭｉ副会長、前駐ベトナム全権大使

ＮＡＧＯＭｉ政務調査委員会の活動

ＮＡＧＯＭｉが２０２０年10月に設立されて１年以上が経過した。「ゼロ」から手探りで前進してきたが、これまでの経過を振り返ると感慨深いものがある。

この間の政務調査会の活動には「２つの柱」があった。

一つは、ＮＡＧＯＭｉは自民党の「グローバル人材共生議員懇話会」及び関係各省庁と６回の勉強会（座長・長島昭久議員）を開催。その結果として、21年６月に議員懇話会が「技能実習制度と特定技能の整合性の取れた一貫性のある制度改革」に関する提言を発出したことである。

もう一つは、年初から準備を開始し、ＮＡＧＯＭｉとして「不正行為撲滅キャンペーン」を法務省、外務省、厚労省の後援名義を得て21年６月に開始したことである。その関連で日本国内では経団連や日本商

梅田邦夫（うめだくにお）
昭和29年広島県生まれ。外務省でペルー、アメリカ、中国、国連勤務などを経て、駐ベトナム全権大使を務める。現在、NAGOMi副会長、日本経済研究所上席研究主幹。

工会議所、技能実習機構をはじめ70近い団体、報道関係者などに対してキャンペーンの趣旨を説明、協力を要請し、ハノイでは日本大使館を通じてベトナム政府及び関係機関に協力を呼び掛けてもらった。

また、これとは別に21年4月には出入国在留管理庁に対し「外国人材の受け入れ・共生のための総合的対応策」について約50の提案を行った。

NAGOMiの強み

NAGOMiの強みの一つは、武部勤会長の指導の下、自民党事務局と緊密に連携し、懇話会主催の勉強会をすべての関係省庁の出席も得て、自民党本部で開催していることである。武部会長は必要に応じ法務大臣、厚労大臣、農水大臣と個別に面談。私も関係各省庁と意思疎通を図るように努めている。

また、弁護士、行政書士、大学教授など計8人が専門アドバイザーとして、それぞれの立場から問題点や改善策を政務調査会にインプットし、その活動を支えている。さらに地方代表（8ブロック）の意見を反映できる点も強みである。

「追い風」

これらの施策を検討するにあたって「追い風」が吹いたと考える。

特定技能制度の見直しが、法律施行後2年ということで21年4月以降行われる予定であったが、コロナ禍、入管法の改正、東京オリンピック・パラリンピック、総選挙など緊急の課題が目白押しで、見直しのタイミングが秋以降になったことである。ＮＡＧＯＭｉとして腰を据えての対応が可能となった。現在、政務調査委員会では21年秋以降に向けて「特定技能制度の改善案」を検討中である。

技能実習制度に関しては、国内外からの批判は多々ある。米国務省は10年近くの間、「人身売買年次報告書」において技能実習では奴隷労働が存在しており、より厳しい監査と処分が必要との指摘を行ってきた。このような動きも念頭に、日本政府は２０１７年に技能実習機構を創設し、機構による監査と厚労省、法務省による処分は昨年度からやっと軌道に乗り出した。政府は20年10月に「人権とビジネスの行動計画」を策定し、企業の人権面での責務を求めだした。驚いたことに21年３月ベトナム政府が、「ベトナム人技能実習生が規定額を大幅に超える借金を抱えて訪日している実態にメスを入れる」と公表した。その上、同６月のＧ７サミットにおいて、中国の「新疆ウイグル」における強制労働批判に端を発して、ビジネスにおける「人権」に焦点が当たり、サプライチェーンにおいて「人権侵害」がないことを企業は確認し、公表することを求められるようになった（人権デユーデリジェンス）。日本企業は海外のみならず、国内のサプライチェーンにおいても人権侵害がないことを確認、公表する必要性がでてきており、ＮＡＧＯＭｉの「不正行為撲滅キャンペーン」実施は、時宜《じき》を得たものとなった。

外国人材から「選ばれる国」であり続けるために

私は、６年間の海外勤務（ブラジル、ベトナム）を経て20年３月に帰国し、千葉県の新興住宅地に住んでいる。夕方近所のスーパーに行くと、勤め帰りに自転車で買い物に来ているベトナム人と南西アジア出身と思われる若者をよく見かける。今や外国人材の存在は日本中どこでも当たり前のことになった。日本在住の外国人労働者数は、20年10月現在で約172万人であり、10年前の2・7倍である。今の日本には農業、介護、建設、外食などの分野は外国人材なしには成り立たない現実がある。

ただし今後ベトナムなどが順調に発展し所得が向上すれば、日本で働く魅力も薄れる可能性があるし、人口減が迫る中国との人材争奪競争も想定される。

日本が外国人材から「選ばれる国」であり続けるためには、人権侵害の起こるリスクを最小限にし、送出国、特に日本に来る外国人材にとって「メリット」を感じられる仕組みとすることが不可欠である。この点は、国力の維持、安全保障の視点からもとても重要である。

このような問題意識に基づいて、技能実習と特定技能制度の改善に貢献できるよう政務調査会の活動を強化していきたい考えである。

第4章
外国人材共生のための基礎知識

杉田昌平　弁護士法人 Global HR Strategy 代表社員

10分でわかる技能実習制度

第1　技能実習制度の目的・基本理念

（1）目的・基本理念

技能実習制度は、技能実習法1条に「人材育成を通じた開発途上地域等への技能、技術又は知識（省略）の移転による国際協力を推進することを目的とする」とあるように、日本で人材育成を行い、技能等を身につけてもらい、開発途上地域等への技能等の移転を行う制度である。

（2）技能実習制度の沿革・背景

技能実習制度の沿革は、直接には、1982年1月の入管法改正により企業単独型技能実習が開始され、1990年8月に「研修」に係る審査基準を一部緩和する法務大臣告示が制定され、団体監理型技能実習が開始されたことに遡ることができる。

日本では、1950年代から1970年代まで高度成長を経験した。この高度成長期に産業が発展し、同時に多くの熟練工が必要とされた。こういった高度成長期において諸外国では、国外から人材を招聘するところであるが、日本は先進国では珍しく、この高度成長期を国内の人材をもって対応した。

このような対応が可能であった背景の一つには、学校教育から職業への移行が制度上整っていたことが理由として挙げられる。すなわち、高度成長期には、集団就職のように、地方部から都市部・工業地域に国内の人の移動が見られたが、国内の若年労働者を円滑に学校教育から職業へと移行することが全国規模で可能となっていた。

そして、もう一つの背景として、「企業」が「学校」のように機能したことが挙げられる。学校教育は職業教育と必ずしも一致しているとは限らない。これは日本にも当てはまる。もっとも、日本では、労働者を単に「労働者」と位置づけるのではなく、わが社の「社員」として位置づける。そして「社員」として迎え入れた労働者に対して、職業人として活躍することができるよう教育を提供するようになる。

このような企業の機能は、技能を身につけるため、すなわち「人材育成」のための「学校」に近い役割を果たしていたといえる。

このように日本の企業は、長年、社員の「人材育成」について熱心に取り組んできた。そして、このような企業による「人材育成」の機会を諸外国の青少年に開いた制度が技能実習制度といえる。2017年に新しく施行された技能実習法においても「人材育成を通じた」技能等の移転による国際協力の推進が目的と記載されており、技能実習制度において「人材育成」が重要な位置にあることが理解できる。

第2　技能実習制度の仕組み

（1）技能実習の種類

技能実習には大きく区分すると、「企業単独型技能実習」（技能実習法2条2項）と「団体監理型技能実習」（同法2条4項）に分けることができる。

（2）企業単独型技能実習

企業単独型技能実習は、日本の機関の海外の事業所等の職員を当該日本の機関に招聘し、技能等を修得するため、技能実習生が当該日本の機関で講習を受けて業務に従事するという制度である。図解すると図1のとおりとなる。

企業単独型技能実習において、技能実習候補者は、「本邦の公私の機関の外国にある事業所の職員」又は「本邦の公私の機関と主務省令で定める密接な関係を有する外国の公私の機関の外国にある事業所の職員」であることを要する（技能実習法2条2項1号）。

言い換えると、海外の子会社等の従業員を日本に招聘し、人材育成を行うための制度であるといえる。

（3）団体監理型技能実習

団体監理型技能実習は、日本の営利を目的としない法人（事業協同組合等）により受け入れられて必要

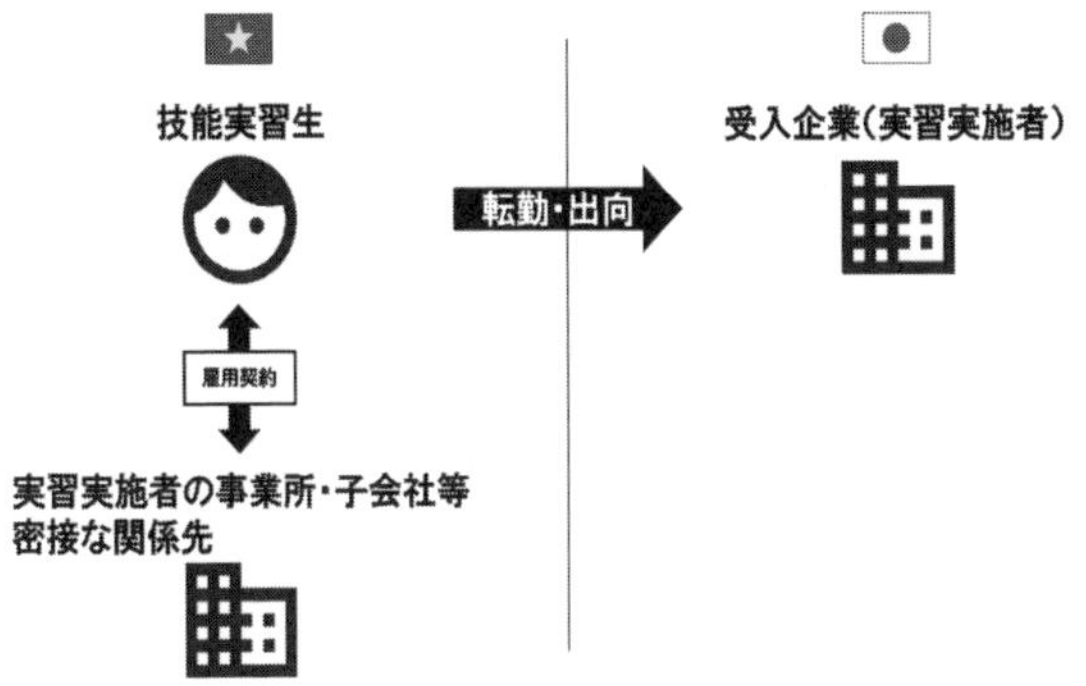

図１

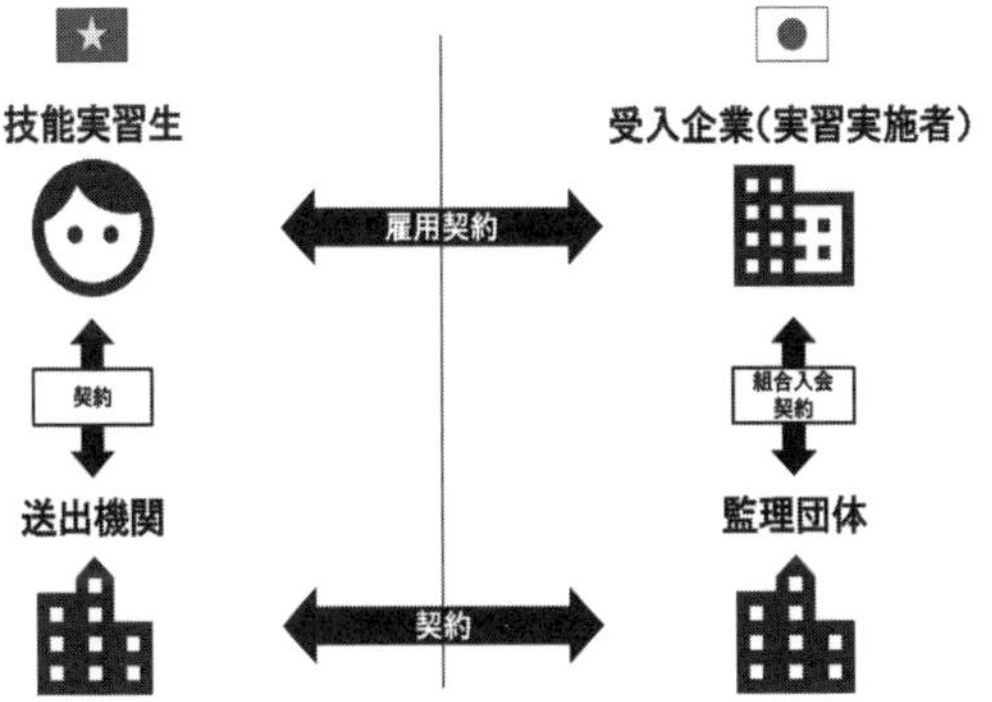

図２

な講習を受けること及び当該法人による実習監理を受ける日本の機関で業務に従事するという制度である。図解すると図２のとおりとなる。

企業単独型技能実習とは異なり、技能実習生を採用する実習実施者は、海外に子会社等を持つ必要はなく、監理団体及び送出機関を通じて、技能実習生の受け入れを行うことができる制度だ。

現在実施されている技能実習の約97％が団体監理型技能実習である。

ア 監理団体

団体監理型技能実習には、不可欠な機関として、監理団体がある。監理団体とは、技能実習法に基づく監理許可を受けて実習監理を行う事業（以下「監理事業」という。）を行う日本の営利を目的としない法人のことをいう（技能実習法2条10項）。

技能実習法は団体監理型実習実施者等と団体監理型技能実習生等との間における雇用関係の成立のあっせん及び団体監理型実習実施者に対する団体監理型技能実習の実施に関する監理を行うことを「実習監理」と定義している。そして、許可を受けて実習監理と事業を行う本邦の法人を監理団体と呼ぶ（技能実習法2条10項）。

監理団体の許可を受けられる法人は、事業協同組合等一定の法人に限定されている（技能実習法25条1項1号、技能実習法施行規則29条1項）。

技能実習が適切に行われているかを監理し、技能実習生が日本の生活で困難を抱えた時に、第一の相談先となるのが監理団体である。監理団体の善し悪しが技能実習の善し悪しを決めているといえるくらい、技能実習制度において重要な役割を担っている。

この点、入管庁が２０２０年9月に実施した「在留外国人に対する基礎調査」では、外国人の「生活環境全般の満足度」において、技能実習生のうち60・7％が「満足している」、24・3％が「どちらかといえば満足している」と回答している（出入国在留管理庁「２０２０年度 在留外国人に対する基礎調査報告書」74頁）。在留資格全体の「満足している」との回答が占める割合は42・３％であることを考えると、技能実習生の生活環境全般の満足度は高いと評価できる。この高い評価の一部を支えているのが監理団体であると考えられる。

イ　送出機関

また、同様に団体監理型技能実習の担い手として、送出機関がある。送出機関とは団体監理型技能実習生になろうとする者からの団体監理型技能実習に係る求職の申込みを適切に本邦の監理団体に取り次ぐことができる者として主務省令で定める要件に適合するものである（技能実習法23条２項６号書）。

送出機関は、日本に来る前の技能実習生の候補者への語学教育や技能教育を行う重要な役割を担っている。また、送出国の地方部へ技能実習生の候補者をリクルートに行き、技能実習制度の趣旨を説明し参加者を募集するなど、採用の起点においても重要な位置にいる。

ウ　外国人技能実習機構

これまでの図は、契約関係に登場する当事者を描いているが、その他に監督官庁として外国人技能実習機構がある。外国人技能実習機構は２０１７年に、外国人の技能、技術又は知識の修得、習熟又は熟達に関し、技能実習の適正な実施及び技能実習生の保護を図り、もって人材育成を通じた開発途上地域等への技能等の移転による国際協力を推進することを目的として設立された。

技能実習計画の認定、実習実施者・監理団体への報告要求、実地検査等の業務を行っている。外国人技能実習機構が監督していることも、技能実習制度が適切に行われる基礎の一つになっているといえる。

第3　技能実習の流れ

技能実習は、1年目である第一号技能実習、2年目から3年目である第二号技能実習、そして、一部の業種で認められている4年目から5年目である第三号技能実習として3段階に分けて行われている。

1年目にあたる一号技能実習のときは、原則として、技能検定の随時基礎級（技能実習評価試験という試験の場合もある。）への合格を目標としている。また、2から3年目の二号技能実習の際には技能検定随時3級への合格、同様に4から5年目の三号技能実習の際には技能検定随時2級への合格を目標にしている。

このように、各技能実習の段階で目標が設定されているのは、出身国に持ち帰ってもらう技能等が身についているか確認するためである。そして、そういった試験に合格するためには普段の仕事でも、必須業務という必ず行わなければならない仕事の内容が決められている。

図3のように技能実習制度では、技能等を身につけたかを確認するための公的試験があり、それに対応する形で必須業務、その他に関連業務、周辺業務という業務内容が定められている。技能実習制度で2年以上の受け入れが可能な職種・作業、すなわち2年目以降に進むことができる移行対象職種・作業があるが、それらの職種・作業については、いずれもこのような公的な試験が設けられている。

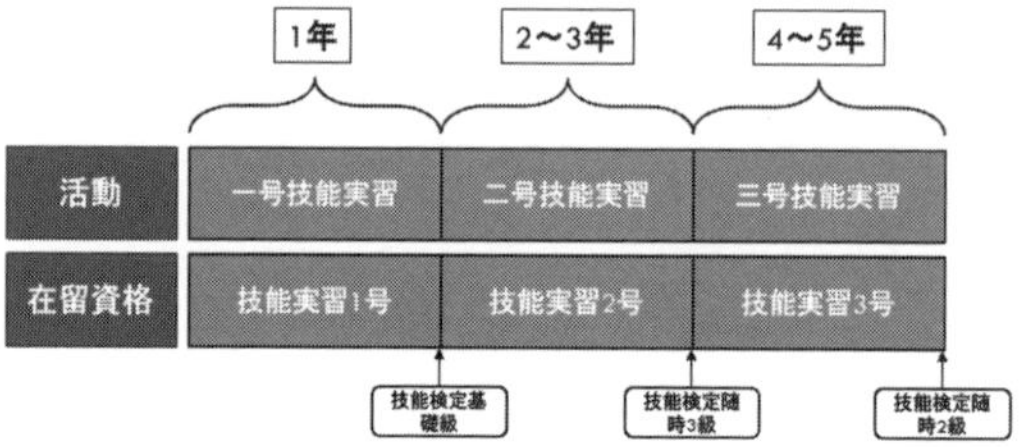

図３

移行対象職種・作業については、比較的作られてから時間が経過しているものもある。技能実習制度の「人材育成」という点が十分に生かされるよう、どういった職種・作業を設定すれば、より諸外国の青少年に向けた「人材育成」制度になるかを考えることは、今後、重要になるといえる。

第４　技能実習制度について

技能実習制度は誤解を受けやすい制度である。しかし、30年以上に渡り、諸外国の青少年に対する「人材育成」制度として、また、日本企業の内なる国際化を促す制度としての実積がある。

技能実習制度が「人材育成」制度として重要な役割を果たしていることは、新しくできた特定技能制度で働く外国人の多くが技能実習制度で育成された人材であることからも、読み取れるところである。

このような「人材育成」として重要な役割を担ってきた制度が、一部、技能実習制度の趣旨を理解しない方が制度を悪用し、制度全体が悪いものとの誤解を受けている点は、たいへん残念なことである。

心ない制度の悪用は防止する必要があり、そういったことが生じないよう監督を強める必要がある。また、制度をより良いものにしていくという思いが制度にかかわる人それぞれに求められている時期にあるのだと思われる。

そして、これまで多くの実績を残してきた制度であり、「人材育成」を中心に据えた人作りの制度としての技能実習制度での経験を、日本の外国人材の受入制度全体で生かしていくべきだといえる。

10分でわかる特定技能制度

第1　特定技能制度とは

特定技能制度とは、「特定技能1号」及び「特定技能2号」という在留資格に関する制度のことである。日本では2019年4月に出入国管理及び難民認定法（入管法）の改正を行い、新しい在留資格として「特定技能1号」及び「特定技能2号」が創設された。

特定技能制度は「中小・小規模事業者をはじめとした深刻化する人手不足に対応するため、生産性向上や国内人材の確保のための取り組みを行ってもなお人材を確保することが困難な状況にある産業上の分野において、一定の専門性・技能を有し即戦力となる外国人を受け入れていく仕組みを構築する」ことを目的としている。つまり、働き手不足の産業・サービスの分野に、研修などを経ずに働くことができる技能を持った人の在留を認めるための制度である。

第2　在留資格「特定技能1号」及び「特定技能2号」の位置づけ

「特定技能1号」と「特定技能2号」の在留資格はこれまでの在留資格と比較してどのような位置づけにある在留資格だろうか？

図4は、縦軸に技能の水準をとって在留資格を並べたものである。黒色の在留資格は2019年4月前

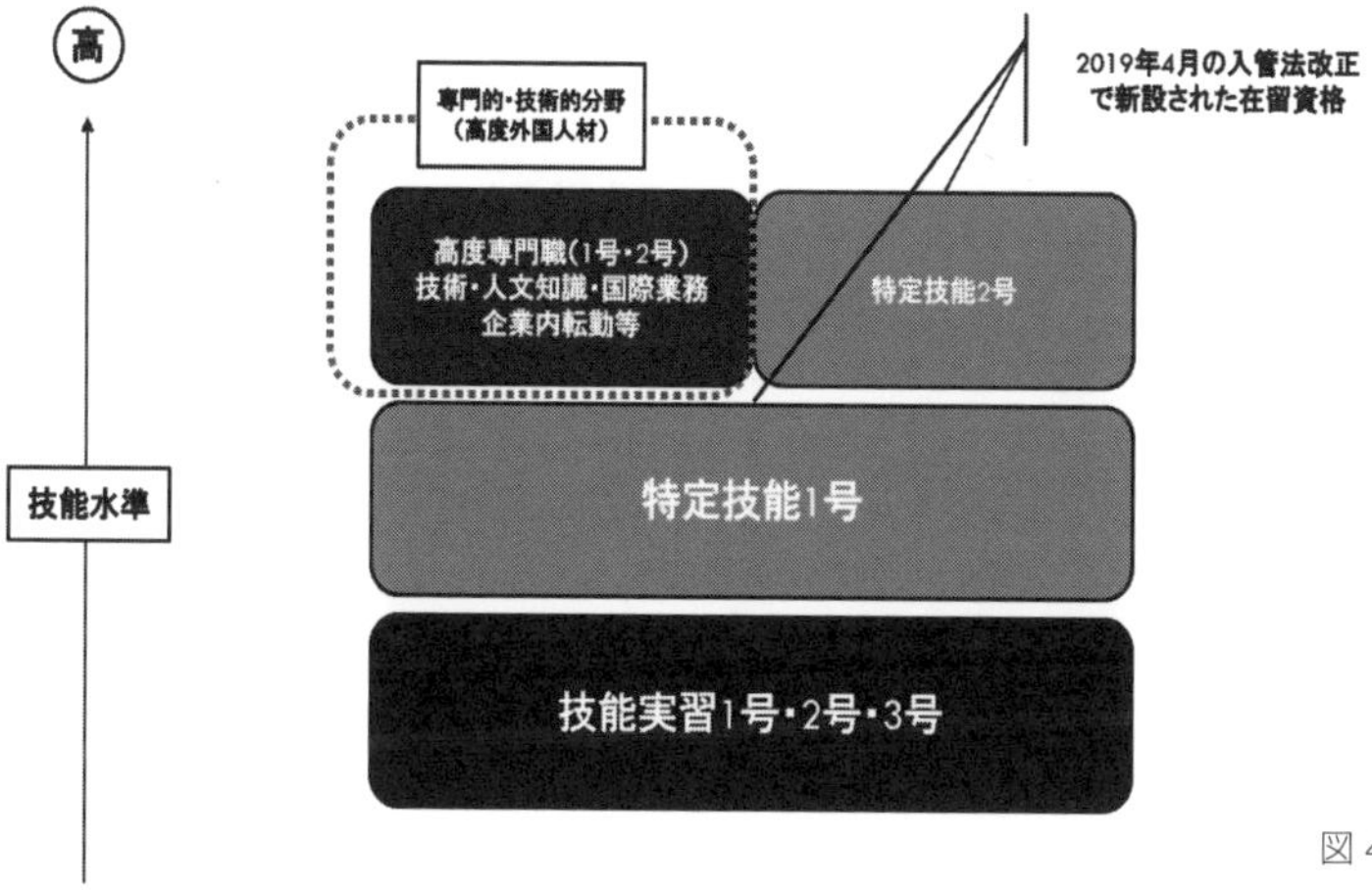

図４

からあったもの、グレーは２０１９年４月の入管法改正の際に新しく作られた在留資格を意味している。

２０１９年４月の以前から、働く外国人を受け入れる在留資格としては、左上の従来の「専門的・技術的分野」の在留資格と分類される在留資格が存在している。

また、「技能実習」は技能実習生として日本で技能などを学びながら働く方のための制度である。技能実習生は、この「働きながら学ぶ」という性質から、日本での就労を希望する人の入り口となる在留資格だといえる。

この技能実習と専門的技術的分野の中間に作られたのが「特定技能１号」である。そして、従来の専門的技術的分野と同じ技能水準で、産業・サービスの現場で働くための在留資格が「特定技能２号」である。

第３　特定技能制度の現状

２０１９年４月に運用が開始された特定技能制度だが、２０２１年３月時点の統計によれば、２万２５６７人の方が「特定技能１号」の在留資格で在留している。後述の産業分野別で見ると、内訳は図５のとおりである。

また、２万２５６７名の方のうち、後述の技能実習ルートを経由した方は１万９０９２名で、「特定技能１号」の在留資格で在留する方のうち約84・６％を占めている。このことから、特定技能制度でも技能実習制度で技能を身につけた方が中心となり「特定技能１号」へ移行し、活躍していると言える。

第４　特定技能制度の仕組み

1.　特定技能制度の概要

特定技能制度では、①特定技能外国人、②受入企業（特定技能所属機関）、③登録支援機関が重要な役割を担う。特定技能の制度を簡単に図示したのが、図６である。なお、以下では「特定技能１号」の在留資格について中心的に説明する。

産業分野	人数（人）
① 介護分野	1,706
② ビルクリーニング分野	281
③ 素形材産業分野	1,669
④ 産業機械製造業分野	1,937
⑤ 電気・電子情報関連産業分野	994
⑥ 建設分野	2,116
⑦ 造船・舶用工業分野	592
⑧ 自動車整備分野	247
⑨ 航空分野	16
⑩ 宿泊分野	83
⑪ 農業分野	3,359
⑫ 漁業分野	314
⑬ 飲食料品製造業分野	8,104
⑭ 外食分野	1,150
合計	22,567

図５

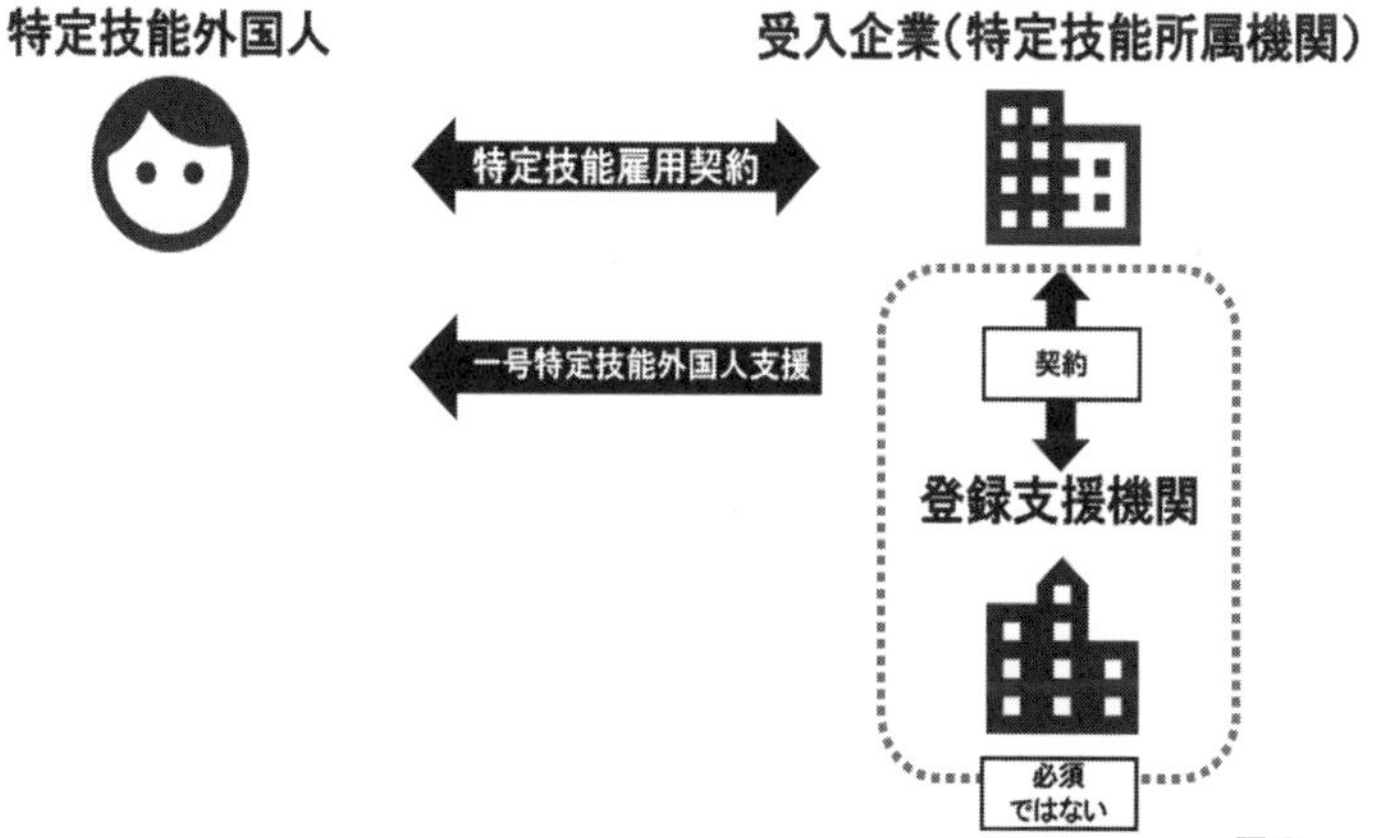

図６

※本稿では、Apache license version 2.0.のライセンスで配布されているMaterial iconsを使用しています。
URL:https://material.io/resources/icons/?style=baselin

特定技能制度では、特定技能外国人と受入企業である特定技能所属機関とが、入管法が定める特定技能雇用契約を締結し、特定技能所属機関は、特定技能外国人に対し一号特定技能外国人支援を実施する義務を負う。

この一号特定技能外国人支援については、特定技能所属機関は支援計画を策定したうえで支援を実施する必要があり、図7の10項目の支援を行うことをいう。

図７

※グレーの破線＝特定技能外国人が理解できる言語で提供されるもの

「特定技能１号」へのルート

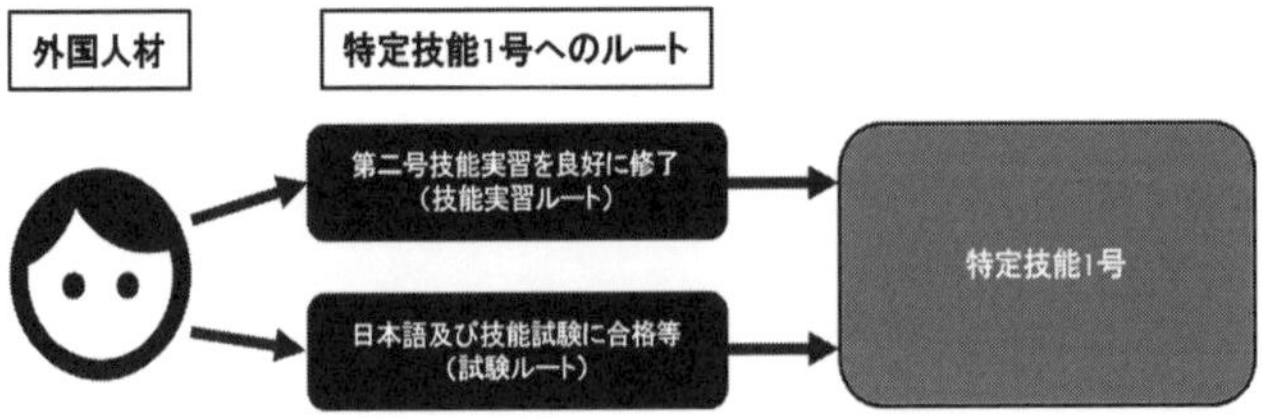

図８

特定技能所属機関は、自ら一号特定技能外国人支援を行うことも可能であるし、一号特定技能外国人支援の一部または全部を第三者に委託する事も可能である。

この特定技能所属機関から委託を受けてその全部の実施を行う業務（支援業務）を行う者として出入国在留管理庁に登録を行った者が、登録支援機関である。

登録支援機関は、技能実習制度と異なり非営利の組織に限定されず、２０２１年６月10日時点において６０８９もの団体・個人が登録支援機関として登録されている。

２　特定技能の在留資格の対象

在留資格「特定技能１号」で在留する特定技能外国人は、相当程度の知識又は経験を必要とする技能と、一定の日本語能力を有していることを試験その他の評価方法により証明することが必要であるが、第二号技能実習を良好に修了している場合には、免除される場合がある。

この試験等に合格するルート（試験ルート）と、第二号技能実習を修了するルート（技能実習ルート）を図示すると、図８のとおりとなる。

ア　試験ルート

試験ルートは、一度も日本に行ったことがない方であったとしても、日本語の試験と働く分野で定められた技能の試験に合格すれば、特定技能１号になることができるルートである。

日本語の試験はＪＬＰＴのＮ４以上か、国際交流基金が行うＪＦＴ－Ｂａｓｉｃの合格が要件である。

イ　技能実習ルート

技能実習ルートは、技能実習を２年10カ月以上「良好」に行った方が、技能実習を行っていたのと同じ分野の仕事を行う場合、無試験で特定技能１号の在留資格を得ることができるというルートだ。「良好」に技能実習を修了した方は、技能実習と同じ分野の特定技能がある場合には、試験ルートで記載された試験が免除され、他に試験を受けずに特定技能１号の在留資格を得ることが可能だ。

「良好」に技能実習を行ったというためには、技能実習2号の終了の際に、原則として、技能検定3級またはこれに相当する技能実習評価試験（専門級）の実技試験に合格していることが必要である。

3　特定産業分野

特定技能制度は、働き手が不足する特定の産業分野における働き手不足を解消する制度であるため、受け入れが可能な分野が、特定産業分野として定められている。

「特定技能1号」における特定産業分野は、2021年6月時点において図9の示す14分野であり、「特定技能2号」における特定産業分野は⑥建設分野、⑦造船・舶用工業分野である（特定産業分野省令）。

4　特定技能制度での二国間協力覚書

日本政府は、特定技能制度に関し、2021年6月時点において、①フィリピン、②カンボジア、③ネパール、④ミャンマー、⑤モンゴル、⑥スリランカ、⑦インドネシア、⑧ベトナム、⑨バングラデシュ、⑩ウズベキスタン、⑪パキスタン、⑫タイ、⑬インドの13カ国との間で二国間協力覚書を締結している。

特定技能制度での外国人の受け入れは、これらの二国間協力覚書の締結国に限られるわけではないが、二国間協力覚書が締結されている国においては、特定技能制度の円滑な実行のための取り決めがあり、国によって手続が異なることがあるため、特定技能制度では、どの国から受け入れるかについても、手続きを理解した上で選択することが重要となる。

5　特定技能での技能等の水準

特定技能制度で行うことができる仕事は、上記の特定産業分野の産業・サービスの現場で行う仕事であ

特定産業分野

産業分野	特定技能2号
① 介護分野	−
② ビルクリーニング分野	−
③ 素形材産業分野	−
④ 産業機械製造業分野	−
⑤ 電気・電子情報関連産業分野	−
⑥ 建設分野	○
⑦ 造船・舶用工業分野	○
⑧ 自動車整備分野	−
⑨ 航空分野	−
⑩ 宿泊分野	−
⑪ 農業分野	−
⑫ 漁業分野	−
⑬ 飲食料品製造業分野	−
⑭ 外食分野	−
合計	

図9

る。

どのような技能水準の仕事かといえば、特定技能1号については「相当程度の知識又は経験を必要とする技能を要する業務」と規定されており、これは技能実習を３年行い学んだ技能が一つの水準となっている。そのため、技能実習で３年間学んだことを生かして行う仕事だと言えるだろう。

また、特定技能２号については「熟練した技能を要する業務」と規定されており、より高度な技能に合格することができる水準の仕事となる。

6 家族の帯同

特定技能１号と特定技能２号では多くの点が異なるが、異なる点の一つとして家族を帯同することができるか否かという点がある。

特定技能１号では家族を帯同することができないが、特定技能２号では帯同が可能だ。

7 在留期間

特定技能１号の在留期間は1年、６月または4月ごとの更新で上限５年までである。５年を超える場合、特定技能１号での在留は許可されない。

特定技能２号の在留期間は３年、１年または６月ごとの更新で上限はない。

そのため、更新を重なることで長期にわたり日本での在留及び就労を続けることが可能である。

第５　小括

特定技能制度は２０１９年４月から運用が開始されたためまだ実績が少なく、また、今後も制度が変化する可能性がある。

既に多くの実績がある技能実習制度と比較されることもあるが、両制度は排他的なものではなく、これまで見てきたとおり、技能実習制度と特定技能制度は密接に関連しており、相互に補完しているものといえるだろう。

これまで日本では30年以上にわたり、技能実習制度による人材育成を中心に置いた外国人の受け入れを行ってきた。特定技能制度が開始された今日においても、この人材育成を中心に置いた過去の受け入れの実績は変わることはなく、今後この人材育成を中心に行われた受け入れの経験を新しい特定技能制度でどう生かすかが重要だと言える。

むすび　平和と繁栄の礎を願い

世界の模範となる人材育成を

二階俊博

前自由民主党幹事長　日越友好議員連盟会長

昭和14年和歌山県生まれ。昭和58年初当選後、運輸大臣、経産大臣、自民党幹事長など要職を歴任。日越友好議員連盟会長も務め、日本とベトナム両国の友好親善に尽力する。

一般財団法人外国人材共生支援全国協会（ＮＡＧＯＭｉ）がこのたび『日本再生 令和の開国論――グローバル人材共生社会の青写真』を出版しました。ＮＡＧＯＭｉの武部勤・代表理事会長は、「これからの外国人材受け入れは、日本の労働力不足を補うためだけではなく、多くの外国人と共に活躍できる多文化共生社会の実現をめざすべき」との思いから、これまで熱心に、技能実習生をはじめとする外国人材の保護支援に携わってこられました。２０２０年春、武部会長から「コロナ禍で感染の恐怖や生活不安で困惑している技能実習生らを何とかしたい」との相談を受け、私は監理団体などの全国組織を設立してはどうかと話しました。その後、武部会長は持ち前の馬力で監理団体などを束ねて20年10月にＮＡＧＯＭｉを設立しました。このたび現場の声や有識者の意見を取りまとめ日本再生の指針になる著書をＮＡＧＯＭｉが出されことは時機を得た意義深いことと思います。

私どもは武部会長の考えに賛同し、外国人材を適切に保護・支援し、差別のない多文化共生社会の実現に寄与するため、政治の側でも応援しようということで、20年11月に「グローバル人材共生推進議員懇話会」を立ち上げ、共に勉強会を開催してまいりました。5回の勉強会を経て、21年6月の同議員懇談会総会で「グローバル人材共生社会実現のための提言」を取りまとめました。今後、提言が具現化されていくよう、取り組んでいく考えです。

２０２０年1月12日にベトナム中部のダナンを訪問した際に、私は、グエン・スアン・フック首相（現国家主席）と会談し、日本でのベトナム人の就労を拡大させることを誓い合いました。特に、人材仲介の悪質業者を徹底的に排除すべく両国政府が協力することを確認しました。さらに、若い世代の交流事業の一環として今後5年間に１５０人のベトナム人学生を日本に招待する考えを伝えました。

私は日越友好議員連盟会長を務めており、フック氏との会談後の記者会見で、「日本はハスの花を尊敬し、愛する。日本には美しいハスの花がある。ハスの花がベトナムの国花であることを知り、本当にうれしく思う。ハスの花は平和の象徴です」と述べました。

２０１４年3月、国賓として来日されたチュオン・タン・サン国家主席（当時）と安倍晋三首相との間で、日本とベトナム社会主義共和国は、アジアの平和と繁栄のための戦略的パートナーシップを結んでいますが、当時、サン国家主席は、国会演説の中で日越大学に触れて、人材育成の可能性の重要性を強調されました。まさに、ハスの花に象徴される平和、そして繁栄を築くために最も大切な要は「人材育成」だと思います。

２０１６年9月、ハノイに日越大学が開学されましたが、日越大学は、日越友好議員連盟の決議に基づいて、日本とベトナムが共同の国家戦略として「アジアのハーバード」をめざし、取り組んでいる高度人材育成の拠点であり、日越友好の象徴として設立された大学です。

日越大学は小泉純一郎政権下の２００５年、ベトナムのグエン・タン・ズン首相（当時）からハノイ郊外のホアラック・ハイテクパーク建設などの協力要請があったことがきっかけでした。当時自民党幹事長だった武部会長の要請を受け、私は自民党の検討委員会座長として、「日本語や英語も学ぶことのできる即戦力になる人材育成をめざしてカレッジを民間主導でつくってみてはどうか」と教育機関設立を提案したことを覚えています。翌２００６年、安倍首相（当時）は来日したズン首相と戦略的パートナーシップを目指す共同声明を締結し、今や日本のＯＤＡ事業によりホアラック・ハイテクパークがベトナムの産業経済を牽引する拠点として成長発展しているのを見ると感慨深いものがあります。

振り返れば、日越友好協力関係において桜内義雄《さくらうちよしお》、渡辺美智雄《わたなべみちお》、小渕恵三《おぶちけいぞう》、山崎拓《やまさきたく》先生ら日越友好議連の諸先輩の先見性と努力に改めて敬意を表したいと思います。私は武部会長の後任として日越友好議員連盟会長を引き継ぎ、ベトナム側のパートナーであるトー・フィ・ルア越日友好議員連盟会長（日越大学名誉学長）と協力しながら、日越大学の設立をはじめ、さまざまな関わりを持たせていただきました。ベトナムは成長著しいアジアの大国です。親日的で勤勉な国民性であり、将来に向けてポテンシャルは非常に高いと感じています。日越両国の若者に世界の平和と両国の共同発展のため更に交流活動の推進を期待しています。

ベトナムのみならず、アジアの国々の若い世代との人材交流を活発に行い、共にアジアの安定と世界の平和、そして繁栄の礎《いしずえ》を築いてほしいと思います。

『日本再生 令和の開国論――グローバル人材共生の青写真』が、アジアの模範となる「人材育成」をめざし、「日本を学び、働きたい」外国人材を幅広く迎え入れ、差別のない共に活躍できるグローバル人材共生社会実現のために相互理解、相互協力を発展させ、その課題と方向性について多くの皆様に考えていただく機会となることを期待し、願いながら結びます。

【役員等名簿】 2021年9月1日現在

最高顧問

二階 俊博 衆議院議員

顧問

河村 建夫 衆議院議員、自由民主党地方創生実行統合本部長 **林 幹雄** 衆議院議員、自由民主党幹事長代理

藤井 孝男 元運輸大臣 **宮崎 秀樹** 元参議院議院運営委員長、元日本医師会副会長

小川 賢太郎 国民生活産業・消費者団体連合会 会長

吉田 允昭 株式会社レコフ ファウンダー **山﨑 裕人** 株式会社全日警 専務取締役 警務本部長

ブロック協会特別顧問

北海道協会 特別顧問 **鈴木 直道** 北海道知事

東北協会 特別顧問 **村井 嘉浩** 宮城県知事

評議員会

議長 **松浪 健四郎** 学校法人 日本体育大学 理事長

評議員 **村田 吉隆** 元内閣府特命担当大臣・国家公安委員長 **伊藤 庄平** 一般財団法人国際技能・技術振興財団 理事長

進藤 順哉 医療法人社団 shindo 旭川リハビリテーション 病院 最高経営責任者

渡邉 美和子 一般社団法人メディカルファーム 理事長

理事

会長 **武部 勤** 公益財団法人東亜総研 代表理事・会長

副会長 **梅田 邦夫** 株式会社日本経済研究所 上席研究主幹 前駐ベトナム日本国大使

副会長 / 関東甲信越協会長 **金森 仁** 公益財団法人国際人材育成機構 会長

副会長 **畉ヶ山 幹雄** 全国ビジネスサポート協同組合連合会代表理事 ティー・アイ・シー協同組合 代表理事

理事 **池田 英人** 公益財団法人国際労務管理財団 理事長 **小山田 陽一** 東京経営管理開発事業協同組合 理事長

久保 裕史 公益社団法人 JAPAN of ASIA 代表理事 **山﨑 紀文** 協同組合西日本技能センター 代表理事

紀岡 直樹 流通産業協同組合 代表理事

理事 / 北海道協会長 **中田 隆博** 道路工業株式会社 代表取締役社長 北海道ベトナム交流協会札幌会長

理事 / 東北協会長 **須佐 尚康** 東洋ワーク株式会社代表取締役社長

理事 / 東海・北陸協会長 **伊海 剛志** 株式会社イカイ 代表取締役社長

理事 / 関西協会長 **高橋 信行** 日本ペトロ株式会社 会長 協同組合 BM サポートセンター 理事長

理事 / 中国協会長 **池田 達也** デジタル共販事業協同組合代表理事

理事 / 四国協会長 **前田 直俊** 医療法人社団まえだ 整形外科外科医院 理事長 元国際ロータリークラブ第2670地区（四国）ガバナー

理事 / 九州・沖縄協会長 **藤村 勲** 福岡県外国人技能実習生受入組合連絡協議会 会長 協同組合福岡情報ビジネス 代表理事

監事

井口 武雄 一般社団法人日本ベトナム経済フォーラム会長

岩佐 孝仁 橋爪・岩佐・大胡法律事務所 弁護士

飯塚 恒生 東急建設株式会社 代表取締役会長

専門アドバイザー

山脇 康嗣 さくら共同法律事務所 弁護士 **池邉 正一朗** 株式会社ワールディング マネージャー

長澤 雄二郎 長澤行政書士事務所 行政書士 **清水 寛子** ESUHAI Co., LTD 社長補佐・事業戦略担当

万城目 正雄 東海大学 教育学部人間環境学科社会環境課程准教授

タン ワン チュン 株式会社 ITM ジャパン 代表取締役社長 **杉田 昌平** 弁護士法人 Global HR Strategy 弁護士

半崎 一広 企業連合事業協同組合 専務理事

本部事務局 上山茂生（事務局長）、清宮克良（総括調査）、小久保拓也、菅原幸子（事務局）

一般財団法人外国人材共生支援全国協会

【概要】 協会名　　一般財団法人外国人材共生支援全国協会
英語：National Association for Global & Open Minded Communities　通称：NAGOMi
設立日　2020年10月8日
所在地　〒102-0082 東京都千代田区一番町4-42 一番町Ⅱビル6階
連絡先　Tel：03-6261-5388／Fax：03-6261-5594
代表者　代表理事・会長　武部 勤

【趣意書】

共に活躍できるグローバル人材共生社会をめざして
一般財団法人外国人材共生支援全国協会　代表理事・会長——武部 勤

アジアは、日本にとって政治的、経済的、安全保障上、最も重要であります。近年、「日本の国柄」に憧れ、「日本を学びたい、日本で働きたい」と期待を寄せて訪れる若者が増えています。

技能実習制度は、これまで30年近く、開発途上国の人材育成策として高い評価を受けているにもかかわらず、一部の悪質なブローカーや心ない監理団体、受け入れ企業等による人権侵害が発生し、技能実習制度そのものが悪者として報道されることが多く、誠に残念でなりません。

また、全世界を覆ったコロナ禍のため、母国に帰ることもできず、コロナの恐怖と生活不安の中で、路頭に迷う外国人が続出しました。政府も40万人以上いる技能実習生の実態把握に苦慮しているのが実情のようでありました。

私たちは、弱い立場にある技能実習生を保護するために関係省庁等に要請活動を行ってまいりました。二階俊博自民党幹事長より「政府と緊密に連携し、技能実習生を適切に保護するために、監理団体の全国組織を設立してはどうか」と示唆があり、「外国人材共生支援全国協会」（グローバル人材共生ネットワーク）の設立を期し、運動を始めた次第であります。

「外国人材共生支援全国協会」の役割は、第一に、「アジアの安定と日本の持続的成長」のために迎え入れる若者たちの立場にたって外国人材受け入れ政策を確立し、「共存共栄のアジア新時代」のために、一翼を担って貢献することであります。

第二に、「技能実習制度と特定技能制度を一貫性ある制度」に改革し、「人材育成」、「人材確保」、「国際貢献」を共通の基本目的とするとともに、生活者の視点を重視し、キャリアステージに合わせた選択幅のある在留資格制度にすることであります。

第三に、悪質なブローカーや企業・団体から外国人材を守り、健全な企業等に配属される外国人就労システムを定着させることであります。

さらに、「グローバル人材共生ネットワーク」を全国各地域に展開し外国人材を適切に育成・保護・支援するとともに差別のない多文化共生社会の実現に寄与したいというのが私たちの強い願いであります。

アジアは、若さと活力に富んだ成長センターであり、アジアの安定と成長は世界平和の試金石と言われています。

一方、人口減少時代に突入したわが国においては、日本人の　国際性を高め、外国人材と共に活躍できる「グローバル人材共生社会」への環境整備を国家プロジェクトとして急がなければなりません。

私たちは、高い使命感のもと、信頼される監理団体等のネットワーク化をめざし、微力を尽くす所存です。

何卒、皆様のご賛同とご協力をお願い申し上げます。

武部 勤（たけべ・つとむ）

昭和16年（1941）、北海道斜里町生まれ。北海道議会議員（４期）を経て1986年衆議院議員に当選。以来北海道12区で８期連続当選。2001年農水相、2004年自民党幹事長を歴任。2012年の政界引退後は、公益財団法人東亜総研代表理事。一般財団法人外国人材共生支援全国協会代表理事。日越大学理事。日本ではたらく外国人との共生社会実現に向けて奔走している。

日本再生 令和の開国論

グローバル人材共生の青写真

令和３年（2021）11月７日　初版第１刷発行

著作者　武部 勤
発行者　水野麻紀子
発行所　株式会社 小学館
〒101-8001 東京都千代田区一ツ橋２－３－１
（編集）☎03-3230-5901（販売）03-5281-3555
印刷所　凸版印刷株式会社
製本所　牧製本印刷株式会社
デザイン　風間シゲキ（KzM WORKS）
編集　今井康裕（小学館）

ISBN　978-4-09-388843-1